ワルあがき

北里洋平

子どもの頃、学校で先生に何度も言われた。

勉強しなさい。ケンカはするな。問題を起こすんじゃない。真面目に生きろ。

テストでいい点とりなさい。いい大学に入らないと将来大変なことになるぞ。

先生の言うことを聞きなさい。だからオマエはダメなんだ。

マジメに、勉強熱心に、いい子でいなさい。

でも、オトナの用意した学業というレールを走り抜けると、行き着いた先は就職活動だった。

いやいやいや、ちょっと待ってくれよ。

就職だけが正解だったのか？　他に生きていく選択肢はなかったのかよ。
まだ俺、学校から大事なことなーんも教わってないぞ。就職先なんか決めるより、
まずはどんな生き方をするかを決める方が重要だったんじゃないのか？
いい点数のとり方よりも、夢の叶え方を教えてくれてたらよかったのに。
何だよ、騙された気分だ。

オマエらにとって都合のいい人間を育てたかっただけじゃねぇか。

フザケンナ。

だから、もうオトナの言うこと聞くのヤーメた！

やりたいことをやって何が悪い？　やりたいようにやって何の問題があるんだ？

いい加減諦めろ。聞く耳を持て。いつまでも遊んでるな。現実を見ろ。

はあ？　そんなこと、やりたいことぜーんぶ諦めてきたようなオトナに
言われたかないよーだ！

俺の人生だ。やりたいことだけやって、遊びを仕事にして、挑み続ける人生を生きてやる。

諦めることは、諦めた。

夢を描き続け、ワルあがきし続けてやる。

今日も、明日も、死ぬまで自由だ。
さあ、冒険を始めようか。

PROLOGUE 再会

あと数秒。

あと数秒たてば、ゴングが鳴る。

戦いが始まる。

戦闘態勢に入らなくては。しかし俺の体は、頭の中までも、今までに味わったことのない感覚が支配していて、動けない。

この感覚はいったいなんなのだろうか。

四角いリングの中に、味方は誰もいない。リングの外には友だちが大勢いるはずなのに、誰の声も聞こえない。

とても静かだ。

世界から音が、いや現実の全てが、消えてしまったようだ。唯一見えるのは、自分の手元。両手には、まだ馴染んでいないボクシンググローブ。その色が黒い色だということだけを、かろうじて認識している。グローブは異様に重く、身動きがとれない。視線を上げることもできない。

リング上、反対側のコーナーに相対しているのは、ボクシング世界タイトル9度防衛のチャンピオン。

そのチャンプの名は、徳山昌守。

俺はまだ、顔さえも上げることができない。ただ、今にも俺を殴り殺しかねない形相で、彼がこっちを睨み付けていることだけを感じている。殺気が、リング一杯に満ちているのだ。満潮によってせり上がってくる水面のように、俺の足元から全身にまとわりついてくる殺気。血肉に飢えたライオンと共に檻に入れられゴングを鳴らされ、「そのライオンを素手でおもいっきり殴ってこい」と言われているようだ。

「できるわけがない……。殺される」

俺の体は石のように固まっている。
背中は冷たい汗でじっとりと濡れている。
後悔、という言葉がちらりと頭をよぎる。
なぜ俺はここに立っているのだろうか。

俺は、日立製作所本社財務本部勤務の会社員、25歳。
ボクシング経験は、まだない。

時間にして数秒がたった。

永遠のように感じられるその感覚の中で、ようやく、俺は理解する。

「あぁ、これが本当の恐怖ってやつか……」

今までに怖いと感じたことは、もちろん、ある。

でも、今感じている「恐怖」は別ものだ。足はすくみ、震えることもできないほどに体が動かず、冷や汗だけが全身を滝のように流れ、声も出なければ視線も上げられない。俺は今、人生で初めて、「死ぬかもしれない」という「本当の恐怖」を経験している最中なのだ。


さかのぼること数ヶ月前。俺は、格闘技の聖地、後楽園ホールで、とあるボクシングの試合を観戦していた。それまで「生ボクシング」を見たことがなかった俺は、汗が飛んでくるかのような迫力と、後楽園に満ちた熱量に魅了されていた。試合終了後、興奮が冷めぬままトイレに行った。用を足し、手を洗いながら鏡を見上げると、ふと、幼少時代のことを思い出した。

コロコロコミックや少年ジャンプの中で縦横無尽に飛び交い闘い続ける強いヒーローたちに憧れて、彼らの真似ばかりしていた子どもの頃。大人になったら自分もそんな男たちと肩を並べるような存在になっていると信じて疑わなかった。しかし、25歳の、鏡の中にいる自分を見つめてみると、あの頃信じていた未来の自分は、どこにもいないのだ。

結局今まで、リングという名の、男の戦場では闘ってこなかったのではないか。リングの外で好き勝手やることはあっても、リングには上がっていなかったのではないか。それじゃあ外野や雑魚キャラと同じじゃないか。ピッチャーになりたかったのに。主役になりたかったのに。あの頃描いていた夢を、無意識にスルーしていた自分が、鏡の前で卑屈な顔をしていた。

俺は帰路についたが、あの鏡の中の自分と、そしてリングの上のボクサーたちが、頭の中を交互にちらついていた。

楽しく生きていたつもりが、それは挑戦することから逃げていただけなのかもしれない。叶わないような夢を無理やりにでも叶えたい、という強い気持ちさえ忘れていたのかもしれない。

その夜、いてもたってもいられなくなり、気がつけば、まだ会ったこともない、その日、後楽園で試合をしていたボクサーたちの頂点に君臨する徳山昌守チャンプに、その想いと、そして挑戦状を書き綴っていたのだ。

だから今、俺はここに立っている。

こんなカタチでリングに上がり徳山チャンプと闘ったところで、幼い頃に漠然と抱いていた、強いヒーローになりたいという夢が叶うわけでもなければ、チャンプと同じステージに立つたことにならないのは百も承知だ。ただ、自分のために。

これは、一度自分が描いた夢に、オトシマエをつける場なんだ。

そう気づいた瞬間、色も音もなく、固まっていた現実の中、懐かしい声が耳に届いた。

「久しぶりだな」

振り向かなくても、その声の主を俺は知っていた。それはセコンドでも、応戦席に座っている友人でもない。

小学4年生の時から知っている、「キング」だ。

ガラガラの低い声。その声だけで姿が浮かぶ。昔のようにボロ布のような服をまとって、無精髭で、ガタイが良くて、いつもニヤニヤしているが目はギラついているあのキングが、後ろにいる。

振り返ってキングに伝えたいことはたくさんあった。しかし俺は、それらの言葉を全部飲み込んだ。後ろを振り返る暇はない。なぜなら、キングの存在に気づいた瞬間、失われていた現実が、咲き乱れる花火のように、色づいた光と音を伴って目の前に現れたからだ。

体のこわばりはもうない。

背中の汗もどこかへいった。

俺は俯いたままだった視線をぐいと上げた。

怖くて見ることもできなかったチャンプと、ようやく目があった。

チャンプの眼光は鋭かったが、一瞬、優しく微笑んだような気がした。

「やっとリングに上がったな」

とでも言うように。

そして俺の耳に、人生をもうひとつ前に進めるためのゴングが、高らかに鳴り響いた。

第1章　キングとの出会い

夢の舞台でゴングの音が鳴り響く、ずっと昔。

誤解を恐れずに言おう。

俺は、裕福かつ幸せな家庭で育った、我がまま坊ちゃんだった。優しい両親だったが、時に厳しく、なんでも買い与えてくれるようなユルさは無かった。ただ、本当に必要なものは買ってもらえていたし、その「必要なもの」に漫画が入る程度には、甘やかされていた。

小学校低学年時代。

学校から勧められるような、いわゆる「本」を読むのが苦手だった俺。愛読書はコロコロコミック。文字を読む機会はほとんど漫画オンリーの割に、国語を含め、学校の成績は優秀だった。再び誤解を恐れずに言うのなら、「天才」だった。少くとも、自分ではそう思っていた。

そう思うようになったきっかけは、母親から言われたこんな言葉だった。

「あなたを生んだ時に、お父さんとお母さんはあなたに十二分な才能を授けたわ。もしあなたが今後の人生で、何かができない、誰かに勝てない、ということがあれば、それは才能のせいではなく、あなたの努力不足ということよ」

いつも俺に優しかった母親。自分の年齢を「永遠の二十歳」と言う以外、嘘をつく姿を見たことがなかった。彼女が子どもたちの前で他人の噂や悪口を言ったり、大人のダークな部分を見せたりすることもなかった。そんな母親がサラッと言ったこの言葉を、小学生のピュアな俺は、言葉通りに、特に「才能」の部分をピックアップして、鵜呑みにしていたのだ。

それは随分と大人になった今でもだ。今でも自分を天才だと思っているし、それを疑ったことがない。さらに、そんな自分に育ててくれた父ちゃん母ちゃんありがとう！　といつも思っている。

人にこの話をすると、大抵はバカだな、と笑われる。時には本気で俺の頭を心配してくれる優しいヤツもいる。そんな時、俺は真顔で言う。

「俺は自分のことを天才だと思うことにかけて、天才なんだよ」

「……」

たいがいのヤツは、二の句を継げなくなる。納得してくれているのか、こいつに何を言っても無駄と思われているのかは知らないが、どうでもいい。

「自分なんか……」と謙遜ばかりしているヤツらにはわからないだろう。自分を天才と思い込めるからこそ、どんな夢でも不可能ではないと挑戦できるのだ。

そんな根拠のない自信に溢れた天才児「俺」にも、いや、天才だからこそ、抱えている悩みがあった。

愛読書のコロコロコミックや、テレビで夢中になった戦隊モノ。その中で活躍する数々のヒーローたち。強くて、真っすぐで、どんな困難にも立ち向かう。そんなヒーローたちに憧れていた俺の悩みはシンプルだった。

「じゃあ俺は何者なんだ？」

真剣にそう考えていた。

小学校で、鼻を垂らしながらクタクタになるほど遊んで、帰ったら漫画やテレビに没頭する。母親が用意してくれる美味いご飯をお代わりし、食後には父親や姉を交えた平和なトークに茶々を入れ、部屋に戻って宿題を広げるだけで満足し、そのまま最高の気分で熟睡する。

「これじゃあ普通の子どもだ。天才なのに何者にもなれていないじゃないか！」

しかし、いくら悩んでも答えは出ない。憧れのヒーローになりたい、という妄想がいくら膨らんでも、そのために何をしていいのかはわからなかった。所詮、小学生の現実なんてこんなものか……。何も考えずにはしゃいでいるクラスメイトを見つめるたびに、アイツらは悩みがなくて羨ましいぜ、と思っていた。そして、いつのまにかクラスメイトに交じって、誰よりもはしゃいでいる自分がいた。

そうこうしているうちに、小学校低学年の日々はあっという間に過ぎていった。

10歳。小学4年生。俺は同じ悩みを抱えたまま、変わらず遊びまくっていた。成長したことといえば、愛読書がコロコロコミックから少年ジャンプになったことくらいだった。

そんなある日、あの瞬間、俺の人生は大きく変わることになる。2学期が始まったばかりの、いつもの朝のホームルーム。常に皆の先を行く俺は、給食の献立内容と昼休みに何をして遊ぶかで頭が一杯だった。

「今年の学芸会、4年生の皆さんには、お芝居をしてもらいます」

ん？

お芝居？

2年生の時も3年生の時も、学芸会は合唱だった。どういうことだ？　と先生の話をちゃんと聞いてみると、どうやらこの学校では、4年生からは毎年、お芝居をやっているようだ。それならば去年も一昨年も体育館で上級生のお芝居を観ていたはずなのに、なんの記憶もない。上級生のお芝居になんか興味が湧かず、隣の友だちとピーチクパーチク喋り続けていたに違いない。そういえば、先生に怒られて、隅っこで壁を向かされ立たされていた記憶はある。

あー、そういうことね。

俺は1人納得した。

「今年は、『裸の王様』をやります。先週お伝えしましたが、今日配役を決めるので、各自やりたい役に手を上げてくださいね」

先週お伝えした？

俺の記憶にはなかった。先週のホームルームを思い出してみる……。俺は練り消しに3割相当分の鼻クソを混ぜても、練り消しとして機能するかを真剣に研究していた。

あー、なるほどね。

再び納得した俺は、先生に向かって大きく頷いた。

先生はなぜか俺を見つめて不安そうな顔をしていたが、俺が笑顔でオーケーサインを出すと、にっこりと笑ってくれた。怒ると般若のようになるのだが、普段はちょっと気の弱い、キレイで優しい先生なのだ。そして先生は、小気味良い音を立てながらチョークで黒板に役名を連ねた。

主役、王様1人。

仕立屋4人、家来8人、召使い8人、村人10人……。

俺はぼんやりとその役名を、特に主役、という文字を眺めた。どうにも気になる存在だ。

「主役かー。いい響きだな。うーん。でも主役に自分で立候補するとかって、気合入りすぎちやってるみたいで恥ずかしいな……」

そんなことを考えていた。

しかしなんだかモヤモヤする。

頭の中にも、胸の中にも、モヤモヤとした灰色の雲がもくもくと増えてきて、ギュウギュウに詰まってきた。苦しくなってきた。息はできるのに、なんだか息苦しいのだ。教科書に載っているような天才は大抵、病弱だ。今まで風邪さえも引いたことはなかったが、もしかしたら天才故に病気かもしれない。病弱さをアピールすべく、わざとらしく咳き込もうとしたその瞬間、誰かに背中をおもいっきり叩かれた。

「ケホッ！　ゴホッ！　ング！　ピョ！」

わけのわからない咳が出た。

いつもだったら、

「なんだよ！」

と立ち上がって相手の胸ぐらを摑んでいるところだ。しかし「天才故に病弱」モードに入っていた俺は、あえて弱々しく振り返った。

だが、そこには誰もいない。そりゃそうだ。俺は列の一番後ろに座っているのだ。俺の後ろをいくら振り返っても、そこには荷物入れのロッカーと、デップリと太った赤い金魚がゆったりと泳いでいる水槽しかないのだ。水槽のガラス面にはうっすら、ポカンと口を開けたままの俺が映っている。

……俺?

……かな?

その瞬間、俺は驚きのあまりチビりかけた。俺だと思ったその顔が突然、飛び出してきたのだ!

水槽のガラス面をすり抜けるマジックのように、顔の脇に両手がニョキッと生えてきたかと思うと、そのまま、1人のおっさんが飛び出してきた！

「よう」

小学4年生にしてはファンキーすぎる幻覚。しかし俺はチビるでもババこくでもなく、自分でも意外なほど、そのおっさんの出現を素直に受け止めていた。混乱はしていたが、なぜか怖くはなかった。

印象的なギョロリとした大きな目。何度か折れたのか、微妙にS字を描く大きめの鼻。髭は伸び放題、髪は自分で切っているかのように中途半端な長さでボサボサ。インド人の服のような、色あせた赤い布を体に巻いている。どこかで見たことがあるような気がした。

……俺がよく遊ぶ公園にお住まいの方かな？

「ちげーよ」

思ったことが聞こえたかのように、おっさんは俺の頭を叩いた。ツッコミ、というレベルをはるかに超えるパワフルさで、バチンと。


「痛ってー！」

「痛くなるように叩いてんだ。痛いに決まってるだろ？　……目、覚めたか？」

「え？　……これ、夢？」

「そうじゃねえよ。オマエ自身の目が覚めたのかって聞いてんだよ」

「……おじさん、誰？」

おっさん、と心の中では思っていたが、ちょっと怖そうなのでおじさん、と言っておいた。

おっさんは眉をしかめ、俺をじっと見つめている。ふと、俺の後ろにある黒板に目をやり、ふんふん、と頷いた。

「王様。……いいね。いや、キングの方がカッチョいいな。うん。俺様、キング」

子どものような笑顔でおっさんは言った。

俺様？　キング??

どう見ても日本人だし、どちらかというとキングコングだ。

思った瞬間、バチン、と再び痛すぎるツッコミが入った。

「誰がキングコングだ。バカタレ。キングと呼べ。さんは付けなくていい。特別にな」

おっさんは腕組みをして、俺の返事を待っている。俺はしばらく言いあぐねていたが、ついに観念してその名を口にした。

「……キング」

「よし。……響きも悪くないな。うん。じゃあ、キングで。俺様は、キング。……で、オマエは誰だ？」

「……え？」

「オマエは何者なんだ？　何者になりたいんだ？」

「え？　え？」

おっさんは、俺の、天才が故の悩みをいきなり突いてきた。誰にも言ったことがない、俺だけの悩みを。

戸惑っている俺を見て、おっさん、いやキングは、ため息をついた。

「ほんと、つまんねーな、オマエ」

そしておっさんは、突然水槽の中に手を突っ込み、金魚を摑み、そのまま丸呑みした。

「ちょっと！」

俺は思わず言った。

「今のちょっと、はなんだ？　なんのちょっとだ？」

「え？」

意味がわからない。

「今のちょっとは、金魚がいなくなると飼育係のかわいいカヨコちゃんが困るからやめてくれ、のちょっとか？　それともオマエ、金魚好きか？　金魚好きだからそんな可哀想なことやめてくれ、のちょっとか？　……オマエこいつに餌あげたこともないだろ？」

「……」

「今のちょっとは、ちょっと待って、常識的に金魚って食べないでしょ、の、ちょっとだろ？」

言っていることはなんとなくわかるが、展開が速くてついていけない。

「話にしっかりついてこい。天才だろ？」

キングはニヤリとした。

「迷ってもいい。わからなくてもいい。聞きたいことがあるんなら聞け。言いたいことがあれば言え。でもな、常識というツマランもんにとらわれるな。そんなもんにとらわれた発言はもうするな。いいな」

キングは数回首を振り、口の前で右手をグーにすると、軽く咳払いをした。その右手を水槽に突っ込み広げると、飲み込まれたはずの金魚が泳ぎだした。

……やっぱりマジシャン？

「オマエ、ドラクエ知ってるか？」

「……もちろん」

「ドラクエは、職業、選べるよな？」

「そうだよ。当たり前じゃん」
「当たり前、だよな？　勇者、戦士、僧侶、魔法使い、遊び人。どれでもいいんだよな？」
「うん。……まさか、キングは、魔法使い？」

俺の推理を完全に無視してキングは続ける。

「じゃあ現実とドラクエは何が違う？」

ん？　ドラクエはゲームだから現実とは違うじゃん、と言おうとして、キングを見返した。
キングの目は真っすぐに俺を見ている。口元はニヤけているが、目は笑っていない。

常識にとらわれないで考えろ。
所詮はゲームだなんて思うな。

その瞬間、俺は雷に打たれた。

いや、雷に打たれたように全身がビリビリした。キングに叩かれた時よりもずっと強い衝撃が、小学4年生の俺を貫いたのだ。

そうか！

「もしかして、もしかすると、そういうことか！」

俺は思わずキングに言った。キングは試すような顔で俺の言葉を待っている。俺は興奮状態で、キングに向かって勢いよく言った。

「10年後、俺が大人になった時、学芸会じゃなくて、現実社会での自分の役が決まるんだ！社長、政治家、芸術家、サラリーマン、八百屋、洋服屋、スポーツ選手。いつか社会人になるこのクラスメイトたちと一緒に、自分の本当の役を決めなきゃいけない。だとすればさ……」

キングは続けろ、とばかりに頷いた。

「だとすれば、俺は自分がやりたい役をやる。今も。これからも。それで、10年後、俺が大人になっても、俺は俺のやりたい役を選べばいいってことだよね？　誰に何言われても。常識的に無理って言われても！」

キングが、目を覚ませと言った意味もようやくわかった。漫画の世界のヒーローに憧れるなら、そうなればいい。そう自分で決めさえすればいいんだ。ドラクエみたいに、好きなの選んで、自分でスタートボタンを押せばいいんだ。

キングは真顔で俺を見て言った。

「我がままって言うんだ、それ」

「え？」

我がまま。

我がままはやめなさい。

我がままは良くない。

散々耳にした言葉だ。

なんだか否定されたような気がして悲しくなった。キングは俺の味方だと思っていたのに。

俺の勢いよく膨らんでいた気持ちが、シュンと萎みそうになった。

「人の話は最後まで聞け」

「……」

キングは、とても丁寧に、言葉をひとつひとつ置くようにして言った。


「我がままを、貫け」


「……」

「その役をやると決めたら、それがオマエだ。その役が、オマエそのものなんだ。我が、まま。あるがまま我がままに、だ。ま、ガキにはまだ難しいだろうけど」

「……難しくない。わかる」

「生意気言うな」

「わかるもん！　……俺、誰よりも我がままになる！　で、そのためには、我がままでいられるように頑張らなきゃいけない。我がままを貫き通せば、大人になった時、俺は、本当になりたい自分になれてるはず。そうだろキング？」

キングはニヤッと笑った。イタズラが成功した子どものような笑顔だった。

俺の悩みを解決してくれる糸口は、最も近い場所、俺の中にあった。これからは自分だけの、本当の我がままの声を聞いてみよう。友だちが勉強やスポーツに打ち込むのなら、俺は我がままに打ち込もう。そしてその記念すべき最初の我がまま打席は、今日、このホームルームにあるんだ！

俺は黒板を振り返った。先生も、クラスメイトも、皆、俺を見ている。俺じゃなくてキングか？　と思って振り返ると、そこには誰もいなかった。水槽のガラスの向こう、相変わらずのんびり泳ぐ太った金魚。水槽に映った、さっきとは違う表情の、ギラギラした目の俺。水槽の中で飼育係に世話される金魚も幸せだろう。でも俺は水槽を飛び出す。たい焼きだって泳げるんだ。金魚だって飛べるかもしれない。

俺は、幻のように消えたキングに、心の中でサンキュー、と伝えると、再び先生に向き直り、右手を真っすぐに上げて宣言した。


「俺は主役以外はやらない！」


驚く先生とクラスメイトたち。俺は立ち上がり、このクラスの中で誰よりも王様役に向いているということを、アドレナリンを全放出しながらアドリブ全開で語りまくった。

そして、

「裸の王様が本当に裸だったら面白いと思わない？」

そう結んだ。皆が、

「まあ、そうだよな」

とばかりに首を縦に動かした。

「でも全校生徒の前で裸になれるヤツ、ここにいるか？」

俺がそう言うと、誰もが首を横に振った。

「じゃあ俺がやる。俺でいいよね？」

俺は自分の希望を押し通し、裸の王様役となった。

「裸になるってのは冗談だよね？」

先生の不安そうな声は、右耳から左耳に真っすぐに抜けていった。

結果、練習から素っ裸になりチンコを晒した俺は、先生に大目玉を喰らった。

「本番では絶対に出さないでよ！」

というフリもいただいた。

全校生徒と父兄たちが見つめる学芸会。俺はいただいたフリにオチをつけるべく、そしてクラスの皆に宣言したことを守るべく、いやむしろ楽しくてしかたがなくて、素っ裸になり王様を熱演した。怒られたし笑われたし大変だったけど、恥ずかしさはまったくなかった。

なりたいものになるためだったら何だって晒すでしょ。

本気でそう思っていたのだ。

俺は5年生の学芸会でも、その後、転校した先の6年生の学芸会でも、もちろん主役となった。3年連続だ。後に俺が、「ジュニア級主役争奪戦3連覇」と呼んだ、我がまま伝説の幕開けだった。

小学生時代、キングが現れたのは、あの日、あの時だけだった。裸の王様を演じた学芸会の客席にいたような気がするけれど、興奮状態だったので記憶がない。

学芸会が終わるとすぐに夏が来た。俺は夏休みに予定していた遊びの計画で忙殺された。そして夏休み最後の1日で全ての宿題を片付け、2学期初日にカブトムシのように真っ黒く日焼けして登校する頃には、いつのまにかキングの顔さえも、おぼろげになっていた。

そして転機は再び訪れる。

6年生の夏休み。突然両親に告げられた、引っ越しと転校。行き先は、南米大陸にあるチリ共和国。地球の反対側だ、という父親の説明に、俺はドキドキしっぱなしだった。

チリがどんな国かなんてもちろん知らない。何語を喋るのかも、どんなヤツがいるのかも知らない。

それがなんだ？

久しぶりにキングのことを思い出した。キングだったらそう言うだろうと思った。そして俺も、素直にこう思ったのだ。

大陸は違えど、同じ人間だ。
言葉は違えど、心は伝わるはずだ。

やりたいようにやってやる。
誰に何を言われても、ワルあがきしてやる。

小学6年生の夏。
我がまま坊ちゃんこと俺、北里洋平は、どこの誰なのかもわからない、「キング」との出会いを経て、主役であり続けるための次の冒険を前に、自分がなんの装備も持ってないことさえ気にならないくらい、ドキドキとワクワクで胸が一杯になっていた。

この本は、我がままを貫き通すべく、どんな場所でも誰に対しても「ワルあがき」を続け、いつか自分の夢は全部叶うと信じてやまない、天才的におバカな俺が主人公の物語だ。

第2章　チカラワザ

父親から引っ越しを告げられ、気がつけば、俺はチリにいた。

南米大陸。チリ共和国。公用語はスペイン語。

父親は商社マンだったから、家族での引っ越しは多かった。しかし、海外は初めての経験だった。

夏休みの真っ只中、成田空港から30時間ほど飛行機に揺られ、チリの首都サンティアゴにある、その名も（そのままだが）サンティアゴ空港に降り立った。

成田空港とは比べ物にならない、簡素なつくりの空港。大きな窓の外は真っ青に晴れている。カラリとした空気を深々と吸い込むと、匂いも味も日本とまったく違う。空港内を飛び交っているのは、陽気な雰囲気のスペイン語。話しているのは、色黒で、背は少し低めの、目も髪も黒いインディオ系の顔立ちが多いチリ人たち。スペイン語なんて何ひとつ理解できないし、チリがどういう国かもよくわからない。

でも俺は、見知らぬ国の入り口で、これは絶対面白い毎日になるぞ、と確信できた。自分には南米の血が流れているんじゃないかと思うほど、空気が肌に馴染むのだ。そして、海外という土地がそうさせるのか、日本にいた頃には感じられなかった最高の解放感があった。

ウッヒャー！

おもいっきり叫んでとりあえず走り回りたい！

そんな気持ちを抑えながら、俺は母と姉と共に税関を通過し、空港のあちこちにいる大きな銃を下げた軍服のイカツイヤツらに敬礼し、床の上で手作り感溢れるモアイ像風の木の置物を並べている露天商たちの店をひやかし、一足先にチリ入りして俺たちを迎えに来ていた父親と合流した。父親には、長旅のあとなのに元気だな、と苦笑いされた。

新しい住処となるサンティアゴ市内へと向かう車の中、俺は窓ガラスにへばりつくようにして、外を流れる景色を目に焼き付けた。全てが新鮮で、ワクワクしっぱなしの、初海外。

チリにきて生活に慣れるまでの数ヶ月は日本人学校に通ったが、6年生は一学年で6人、中学生は全学年合わせて6人と極小規模の学校だった。競争も何もなく、ピースで暇すぎる生活に耐えられるわけもなく、現地の学校に転校を決めた。

海外の学校は、9月に入学式があるところがほとんどだ。卒業式は6月。つまり、9月に6年生の1学期を迎えることになる。

転校初日。俺が入学したのは、「ニド・デ・アギラス」という名前の、幼稚園から高校までの一貫教育を行うインターナショナルスクール。

スペイン語で、「鷹の巣」という意味らしい。

ふむふむ、ここから巣だって鷹になれってことね。

人間の頭に鷹の体、さらには人間の足というちょっと不格好な「鷹人間」しか頭に浮かんでなかったが、「鷹」という響きは単純にカッチョいい。よっしゃ！　なったろうじゃねーか、鷹に！　と強い決意で、いかにも外国風の、柵の先が尖ったイカツイ校門をくぐった。その数時間後に、俺の「鷹になる！」という決意が大きく揺らぐレベルの壁にぶち当たるとは思いもしていなかった。

ニド・デ・アギラスは住宅街からスクールバスで揺られること30分ほどの郊外に位置していた。丘の上にあり、なだらかな斜面にある広々とした敷地に平屋の校舎が並んでいる、開放的な雰囲気の学校だった。教室の中には、日本で慣れ親しんだ、ペロッと舐めるとちょっと甘い味のするあの茶色い木の机ではなく、椅子と一体化している小さなプラスチックのテーブルの学習机が並んでいた。手の上げ方も違う。タクシーを停めるかのように、人差し指を立ててすっと上げる。「はい！」と勢いよく手を上げるヤツはいない。ほぼ無言のクールな上げ方だった。

どれもこれも日本と違うなあ、と驚いていると、いきなり英語での授業が始まった。もちろん、全てがちんぷんかんぷんだったが、俺は腕を組み、まわりにいるクラスメイトたちを眺め回した。

俺のクラスは、半分ほどの生徒がチリ人もしくはアルゼンチン人などの南米人。そして残りの半数は、色が白くて金髪系のアメリカ人やヨーロッパ人、そしてアジア人。世界各国から集められた鷹の卵たち。ま、最初に鷹になるのは俺だけどな、と勝手に優越感に浸っていた。授業の内容は完全にスルーして。

昼休みを目前にして、科目は体育。体育着なんてなかった。ジャージのような服に着替えた女子が数人だけ。ほとんどが私服のまま。服が汚れる、という概念がチリにはないのだろうか。

服装同様、体育の授業もユルかった。

先生は皆が揃ったのをざっくりと確認してから少し考え、

「じゃあ今日は野球でもしようか」

カリキュラム的なものを無視したような発言をした。

うんうん野球ね。じゃあ、一番目立つ、ピッチャーしかないでしょ。

あの日、なりたい自分になる、と決めた俺は迷うことなく、自分自身の我がままに従った。グローブを片手に、ゆうゆうとピッチャーマウンドに向かう俺。心の中ではヒーローインタビューで何を言うかを考えていた。

しかし、ピッチャーマウンドへ向かったのは、俺だけではなかった。チームピッチャーズが押し寄せてきたのだ。俺を合わせて6人のピッチャー候補(全員自選)が、マウンドに集まった。チリ人はもちろん、ブラジル人、アルゼンチン人など、どうやら全員南米のヤツらだ。チーム南米VS日本代表の俺。

異常な緊張感。

一瞬の静寂。

そして、全員同時に、口からツバを飛ばし、ジェスチャーや、激しめのボディタッチも交え

ながら、スペイン語で口論しだした！　言葉はわからないが、全員が、

「ピッチャーをやらせろ！」

と言っているのは理解できた。こんな光景、日本じゃ見たことがなかった。

俺は日本の小学校で、いかにぬるま湯に浸かっていたかを痛感した。あの場所では、俺がダントツに我がままだった。しかしこの国は、というよりも南米のヤツらは、ナチュラルボーンの我がままなのかもしれない。


負けてたまるか！

俺も必死にジェスチャーで応戦した。しかし相手が何を言っているのかさっぱりわからないし、向こうも俺の言うことをまったく理解してくれない。なぜなら俺は、日本語でピッチャーやらせろ、とゴネていたのだ。ピッチャーという言葉すら通じない。少しの間、俺のことを見ていたチーム南米だったが、誰こいつ？　という目線が、完全無視に変わった。まるで俺の前に分厚いガラスがあるようだった。こんなにも近くで話しているのに、まったくコミュニケー

ションが取れない。勝負の土俵にすら立てない。分厚いガラスはいつしか透明度ゼロの大きな壁となっていた。次第に俺は、ジェスチャーをすることさえ虚しくなり、立ちすくんでしまった。

英語もスペイン語も話せず、友だちも知り合いもいない。

でも、そんなことは理由にならない。

「誰よりも我がままである」という勝負に、俺は負けたのだ。

結局、何も言えないまま、球拾い的な役割（外野）をした。大好きだったはずの体育の時間も、そして楽しみにしていた昼休みも、なんの感動もなく終わっていった。俺はただぼんやりと、下校時間までを過ごした。

「俺の我がままは所詮、日本という小さな島国でしか通用しない程度のものだったのか……」

帰宅する生徒たちで賑わうスクールバスの中、俺は１人、窓に映る自分を見つめる。そこには、小さな鷹ではなく、井の中の蛙がいた。

スクールバスの中で楽しげに会話を交わす学年も様々な生徒たち。いつのまにか、生徒たちの顔が、日本で一緒だったクラスメイトたちに見えてきた。飛び交う英語やスペイン語の言葉が、勝手に日本語になって聞こえてくる。

「ウチらの前ではあれだけ我がままだったくせに、外国人相手だと大人しく従っちまうんだな」

誰もがそう言っている気がした。得意の口先も、ハッタリも、言葉が通じなければ意味がない。ピッチャーマウンドで繰り広げられた、言葉のマシンガンで撃ちあうようなヤツらの攻防を思い出すと、カタコトの英語や生半可なスペイン語じゃ通用しないだろう。

現地生活の長い日本人が、スペイン語がペラペラになるのに2年はかかると言っていたのを思い出す。2年間。それまで俺は我がままを封印して、我がままを言う側から、我がままを受け入れる側にならなきゃいけないのか。

ダセェ。

バスの中に今いるのは、「受け入れる側」だった日本のクラスメイトたち？

皆が「オマエもフツウだな」と俺を指差して笑っているような気がする。

ちくしょう。こんちくしょう。

悔しさに、痛いほど拳を握りしめる。
でもその拳を振り下ろす先がわからない。

ゴン！　ゴン！

鈍い音がして後頭部に激痛が走った。窓を見ていたから、同時に窓にもオデコをぶつけた。
痛みのサンドイッチ。懐かしい痛みだった。思わず、松田聖子の「SWEET MEMORIES」を口ずさみたくなるような。

振り返ると、バスの隣の席には、もちろん松田聖子ではなく、キングがいた。

「オラ。コモエスタ？」

キングは唐突にスペイン語を口にした。

よう。元気か？

俺の唯一知っているスペイン語の挨拶。俺は返事をすることも忘れ、懐かしいキングの顔を見つめた。


アンデス感漂うマント姿のキング。南米風ではあるが、相変わらずのホームレス感。いつからチリにいたのだろうか。よく日に焼けた顔も、以前より陽気な雰囲気も、まるでチリ人のようだ。誰も味方がいないような気がしていた南米の地で、ようやく味方に出会えた。キングは両手を広げている。俺は恥ずかしげもなく、その胸に飛び込もうとした。

バチン！


キングは器用に俺の両方の頬っぺたを両手で平手打ちした。

「相変わらずネムたいことやってんな」

感動の再会ではなく、説教の再開だった。

「……ずっと言いたかったけど、それツッコミじゃなくて暴力だから。暴力反対」

キングは俺の反論を完全に無視して言葉を続けた。

「オマエさー、何あっさり負けてんの？」

「だって喋れないんだもん」

「だって、だってなんだもん、か。やっぱりガキのまんまだな」

「伝えようと努力はしたけど……」

「じゃあそれが足りなかったんだろ？　言い訳すんな。結果が出せなかった、それだけだろ？」

正論すぎて俺は次の言葉が見つからなかった。


「オマエ、ジャイアン好きか？」

「え？」

「ジャイアンだよ。ドラえもんの」

「……まあ、嫌なヤツだけど、嫌いではないかな……。映画の時とかいいヤツだし」

「ほー。じゃあ、ジャイアンがチリに来たらどうしてると思う？」

「え？」

「アイツだったら、喋れないからって大人しくしてるか？　我慢すると思うか？」

「でもジャイアンは漫画……」


言いかけたとたんにオデコの中心に激痛が走った。

キングの鋭いデコピン。

ツッコミのレパートリーが多いし、全部が痛い。でも、色んな意味で目が覚める。常識にとらわれるな、か。確かに、漫画だから、なんてのは常識だ。だからといってジャイアンがのび太を殴るように暴力で勝つのも違う。喧嘩を売られたら買うけど、自分からは売らない。弱い者いじめも好きじゃない。


「そう。ジャイアンの良くないところは、自分より弱い人間に暴力をふるうところだ。それはダサい。でもオマエが言うように、映画のジャイアンはイカしてる。それは……」

「自分より強いヤツと戦うから？」

キングは頷いた。

「仲間を守るために体を張るってのもあるけどな」

「……つまり？」

「つまり？」

「……いや、だから、自分より誰が強いとか、今のクラスじゃわかんないし。別に仲間もいないし」

「コンチ▷スマード×◯イー×デプ△▲▼！」

キングは呆れた顔でスペイン語を口にした。あとでわかったのだが表記するのもはばかられるような、相当汚い言葉だった。


「オマエはほんとに、ああ言えばこう言う坊ちゃんだな……。

いいか、もっとシンプルに考えろ。

まずひとつ。

ペラペラにスペイン語が喋れるようになるまで2年間も、大人しく我慢して生きるのか？

もうひとつ。

人を殴らない力の使い方だってあるだろ？

言葉で負けたんなら、力でねじ伏せろ！

最後に。

守るべき人がいなかろうが仲間がいなかろうが、オマエはオマエの誇りを守れ！

簡単に負けを認めてんじゃやねぇ！」

でっかいハンマーで頭を殴られたようだった。

前回は雷だったが、今回はズン、と体に響く、重い衝撃だった。

小学4年生でキングに出会ってから、スキルも何もないまま、口先だけで我がままを通してきた。でもそのレベルじゃ倒せない敵、自分より強い敵に出会ったわけだ。口先、という武器が効かない。でもそれはただの言い訳だ。ひとつ目の武器が効かないからって何だっていうんだ。銅の剣が効かないのなら、鋼の剣を探せばいい。言葉が要らない勝負で挑めばいい。万国共通、力の勝負だ。

やる。俺は負けない。我慢は今日だけでたくさんだ。我慢なんてクソ喰らえだ。

「なんて？」

キングがニヤニヤしながら問いかける。

俺は自分を鼓舞するように立ち上がり、大きな声で叫んだ。

「我慢なんてクソ喰らえ！」

気がつくとバスの中、拳を突き上げ立ち上がったままの俺を、全員がポカンと見ていた。

まったく興味を持たれていない、空気みたいな存在だった俺が、ようやく注目を浴びた瞬間だった。俺は全開の笑顔と共に、唯一知っているスペイン語で皆に挨拶した。

「オラ！　コモエスタ？」

翌日から俺は戦士になった。

同学年の、チーム南米を中心とした我がままな男たちに、時には挑発的なジェスチャーも交えながら、男と男の力勝負、腕相撲を次々に挑んでいった。腕相撲だけだと面倒くさがるヤツもいたので、勝った方が負けたヤツに本気の肩パンができる、というオマケのルールもつけた。

人をおもいっきり殴る、というのは実際なかなかできないものだ。しかも肩パンがそれほど痛くないので、やられる方もそんなに嫌じゃない。ヤンチャなヤツほど、この遊びを気に入った。昼休み、放課後、色んな場所で勝負をしかけた。もちろん勝負に負けることもあったが、俺は勝つまでやった。勝つまでやれば負けじゃない、そう信じていた。

1年がたった。日本で過ごす1年よりもずっと密度の濃い日々。俺はその1年間で、同学年の我がままな外国人たち全員を、力（腕相撲）でねじ伏せた。腕相撲で収まらない時は、自分より強そうな相手に限り、喧嘩も買った。

触れ合い（主に力比べか殴り合いだが）によって、コミュニケーション能力も向上した。英語もスペイン語も日常会話をするには問題がなくなった。もちろん我がままも言ったし、口論もした。

その頃にはクラスメイトたちに、
「ヨウヘイはＴＯＯ　ＳＥＬＦＩＳＨだよ！」
と言われるまでになっていた。

学年で一番我がままなのは、あの日本人だ。
その言葉は、俺にとっては勲章だった。

俺のスタンスは、学校の外でも変わらなかった。学校を出てすぐのあたりに、バラック建ての家が並ぶスラム街があった。スクールバスに乗っていると他人事だが、帰りのバスに乗りそびれた時などはそこを通るしかなかった。

当時の南米ではまだまだ人種差別や偏見があり、そのスラム街を通るたびに、たむろしているガキから「チーノ（中国人）！」と呼ばれ、石を投げつけられることもしょっちゅうだった。これは別に、アジアの中でも中国人がどうだ、ということではなく、日本と中国の違いさえよく知らないヤツらが、アジア系を総じて侮蔑的にチーノ（中国人）と呼んでくるのだ。しかし1年がたった頃、俺はスラム街で石を投げられたらその倍のサイズの石を投げ返すようになるまでに、大きく成長を遂げていた。

その1年の間、キングには会えなかった。あの日、バスの中で久しぶりにあった時、聞きたいことがたくさんあった。チリになぜいたのか。そもそも何者なのか。そして俺が何をしている時に現れるのか。なにより、キングのおかげで今、チリのどの場所に行っても楽しくやれていることを報告したかった。

俺はキングに報告する代わりに、日本のクラスメイトたちに向けて手紙を出すことにした。

ニド・デ・アギラス入学初日の体育の授業以来、自分への不甲斐なさから、ずっと書けずにいた手紙だ。

「久しぶり。元気？　こちらは元気のカタマリ。日本も南米も大して変わらないね。相変わらずメチャメチャ楽しくやってるぜ。

From　ジャイアン　in　南米」

第3章　どこでもドア

南米の国々の国民性を一言で表すならば、情熱に溢れている、と言えるだろう。二言目を付け加えるならば、目立ちたがり屋が多い、だ。南米の人たちには、目立つ方がいい、という価値観があるのだ。

そして最後にもう一言。
誰もがサッカーが大好きだ。

いつの時代も、南米ではサッカー選手がヒーローだ。しかもゴールを決めるエースストライカーが一番人気。なぜなら、一番目立つからだ。だからチリでは、子どもたちは皆フォワードをやりたがるし、国民的英雄になるのも、エースストライカーだ。ペレ、マラドーナ、ロナウジーニョ、メッシ。

ゴールキーパーがヒーローになることもある。コロンビアのイギータというゴールキーパーが、自陣のゴールから敵陣のゴール前まで攻め上がりゴールを決めた瞬間だ。

また、反則してヒーローになることもある。ワールドカップという大舞台で、ハンドでゴールを決めたマラドーナ。しかもそのハンドを、マラドーナ自身は「ただ神の手が触れた」と表現した。日本では大バッシングされるのだろうが、南米では大喝采が起こった。南米の国民のほぼ全員が、そのハンドを「神の手」と呼び、その「偉業」を崇め称えたのだ。

目立ちたがり屋たちの頂点に君臨する、サッカー選手たち。チームプレイも上手いが、基本的には我がままなプレイスタイル。サポーターは燃え盛る炎のように情熱的。南米のサッカーには、俺が求めるもの全てがあった。

転校初日に言葉の壁にぶち当たったが、キングのおかげでその壁をどうにか乗り越えた俺。

その後は、ジャイアンを目指すものの野球には興味が湧かず、サッカー漬けの毎日を送った。目立てる上に我がままも貫け、多少下手でも情熱でカバーできるサッカーは俺にジャストフィット。どっぷりとのめり込んだ。そしてサッカーを好きになったその先に、俺は「どこでもドア」を発見することになる。

チリにはCOLO-COLOというサッカーチームが存在する。

首都サンティアゴのクラブチームで、印象的なインディオの横顔がチームエンブレムだ。「COLO-COLO」というチーム名は、チリがスペインに侵略された時、最後まで降伏せず勇敢に戦い続けた原住民、マプチェ族の首長の名前から取っている。

その名前のせいか攻撃的なプレイスタイルだったCOLO-COLOは、1980年代から1990年代にかけて圧倒的な強さを誇っていた。1991年には南米サッカー界の頂点に、1992年にはスーパーカップでブラジルのチームに勝利し、世界一の座に立った。日本で行われたトヨタカップに出場したこともある。俺がチリにいる頃、彼らは南米最強だった。

俺はサッカーそのものにも夢中になっていたが、気がつけばまわりのチリ人の友だちと同じように、COLO-COLOの大ファンにもなっていた。

誰かのファンになることは初めてだった。それまでは、テレビの中の芸能人にさえ興味が湧かなかった。自分とは関係ない人に夢中になってどうすんの？　と思っていたが、COLO-COLOの試合を見ているだけで体の奥から熱くなり、ゲームに大きな動きがあると、思わず叫んでいる自分がいた。

COLO-COLOのメンバー全員が大好きだったが、特に好きだったのは、ガブリエル・コカ・メンドーサという選手だ。長髪でイカツクて、鷹のような眼光。パワフルかつスピーディで、獣のようなプレイスタイル。スタジアムへの応援には何度も行ったが、それだけでは飽き足らず、彼のプレイを録画したビデオを、再生しては巻き戻し、繰り返し観た。磁気テープが薄くなったのか、デッキの中でビデオカセットが詰まって出てこなくなり困ることもあった。高校生男子がエロビデオをデッキに詰まらせるのと同じ原理だ。しかし、何度ビデオを見返しても、ほとんどの試合の流れやプレイを覚えても、やはり生の試合が最高に興奮した。

チリに来てから2年。俺は中学2年生になっていた。ある日、サンティアゴ市のサッカースタジアムで、COLO-COLOと同じチリのクラブチームであり、最大のライバルでもあるUNIVERSIDAD DE CHILEとの試合があった。試合のチケットはあっという間に完売し、どうしても手に入らなかったので、俺は泣く泣く自宅で試合を観戦した。隣には、俺と同じくCOLO-COLOの大ファンで大親友の、パンピーという名のチリ人。激闘に激闘を重ねたその試合。時間がたつにつれ興奮度はマックス。テレビに齧りつくようにして試合を観戦していた俺らは、COLO-COLOがゴールを決めるたびに、

「ゴ――――ル！　ゴラ――――ッソ!!」

と吠えまくっていた。

ゴラッソとはスペイン語で、スーパーゴールのことだ。その頃の俺は、サッカー用語に関するスペイン語はほとんどマスターしていたし、スラングに関しては、完璧にネイティブだった。

互いのゴールラッシュの末、大激闘はCOLO-COLOが制した。

「○○○▷▷▷▷×××！」

雄叫びを上げるものの、この時点ですでに声はカラッカラにかれていた。

パンピーが家に帰り、その夜。ベッドに入った俺は、興奮状態でなかなか寝つけなかった。どんな時でもベッドに入ったら瞬速で寝落ちるのが俺の特技なのに、まったく眠ることができなかった。頭が火照っているし、なんだか胸のあたりがザワついていた。

俺はとりあえず電気をつけ、窓を開けた。ひんやりとした空気は澄んでいて、夜空には満天の星が煌めいている。日本であれば、かなりの田舎に行かないと見られないようなたくさんの星。星座でも見つけてみるかと思って眺めても、どれもサッカーボール座にしか見えない。


学校では昼休みにサッカー。

放課後には地元のチリ人に混じってそのへんの公園でサッカー。

週末はテレビでサッカー観戦。

大好きなサッカーにどっぷり浸かっているはずなのに、なぜか満たされない。でも、それがなんでなのかわからない。俺は思わず、夜空に願いでもかけるようなセンチメンタルさで、ため息をついた。ため息をついた瞬間、俺の中の野生の本能が叫んだ。

ヤツが来る！

遅かった。俺はどうやらケツ斜め下からの鋭いキックを浴びたようで、自分の意志とは裏腹に斜め上に浮きあがった。そのまま、窓の向こうに落ちそうになるくらいにつんのめった。俺の家は地上18階にある。窓の下はコンクリートの駐車場。危うく俺が星になるところだった。

振り返ると、なぜかCOLO-COLOのユニフォームを着ているキング。足元にはサッカーボールもある。キングもサッカーにハマっているのだろうか。どうりで蹴りが鋭いはずだ。

「落ちたらどうすんだよ！」

「ため息つくくらいなら、落ちて目を覚ませ」

いやいや、落ちたら死ぬから。目覚めないから。心の中でツッコむ。

「そんなため息一生つくな！　何かを欲しいのにそれが手に入らない。なんなのかもわからない。だからって他力本願するのか？　そのため息ついてなんか変わるのか？　星にお願いでもするのか？　お星様はなんかくれるのか？　そうじゃないだろ⁉　そっち側じゃないだろ！　欲しいものは欲しい。手に入れるために死ぬ気でワルあがきする。自らの手で摑み取る。それがオマエじゃないのか？　なんだよ、ベッドの上でクネクネクネクネしやがって。あげくの果てに星空眺めてため息ハアってなんだ⁉　どこの夢見る女子だ⁉　こっちがハア？　だ、バカタレ！」

そう言ってキングは突然リフティングをやりだした。夢見る女子には用がないとばかりに俺を無視して。

この状態の俺はもはや、大量のゴールを決められて、ペナルティーエリアで呆然と立ちつくすゴールキーパーだ。来るのがわかっているけれど届かないゴールの隅に、正確無比なシュートを決めていくキング。いつもキングは一番言われたくないところを突いてくる。

悔しくて、とりあえずキングがリフティングしているサッカーボールを奪おうとしたが奪えない。懸命にチャレンジしても紙一重でかわすキング。2年間サッカー漬けだった俺の自信が、ガラガラと音を立てて崩れる。何重にもショックだった。キングに負けっぱなしなのか俺は。俺は再びため息をつきそうになる自分を振り切るように、ムキになってキングに挑んだ。キングは俺の服を摑むなど、反則すれすれのラフプレイを連続。なぜか南米スタイルのサッカーがしっかり染みついている。

気がつくと俺は汗だくになり、生まれたばかりの子鹿のようにヨロヨロになり、足をもつれさせ、そして大の字になって倒れた。頭の中は真っ白で、もう何も考えられない。

開けっ放しの窓から、涼しい風が優しく吹き込んだ。俺は目をつむってその風を感じながら、思わず呟いた。

「俺もメンドーサとあのピッチの上でサッカーしたいな……」
「はいゴ――――ル！」
キングが窓の外に向かって勢いよくボールを蹴った。少しして、数軒先の家からガシャン！という音が聞こえた。

「あのボール、オマエのだからな」

「えっ?」

しかし起き上がる気力もない。どうにでもなれ、と思った。

「本音がやっと出たな」

「?」

「やれよ」

「何を?」

「サッカーを!」

「今したじゃん。んで、ボールもなくなったじゃん!」

「バカ野郎! メンドーサとサッカーしろって言ってんだよ! 勝負、挑んでみろよ!」

キングに怒鳴られ、再び自分の本音に向き合った。

俺は、憧れの選手たちが走り回っている、COLO-COLOのホームグラウンドである聖地エスタディオ・モヌメンタルというサッカースタジアムで、彼らと一緒にサッカーをしたいのだ。しかし、プロサッカー選手じゃないとあのピッチには立てないとフツーに考えていた。

しょうもな。フツーってなんだ？

そんな俺を見透かして、かつ見下ろして、キングは言った。

「誰かとサッカーやるのに、理由なんかいらねえだろ！」

アツいようで意味不明なキングの言葉に、俺は素直に頷いた。

その夜、キングと徹夜で考えた作戦はこうだ。

メンドーサに挑戦状を書く↓次のエスタディオ・モヌメンタルでのCOLO-COLOの試合に行く↓試合後、フェンスをよじ登りフィールドに入る↓警備員に捕まる前に選手のもとへダッシュ↓メンドーサに挑戦状を手渡す↓警備員に捕まる↓後日、メンドーサ本人から連絡がありエスタディオ・モヌメンタルに招待され、念願の挑戦！

完璧な作戦だ。俺の心はラテンのリズムを刻んで踊っていた。キングと2人、固い握手をして肩を抱き合った。頭も体も消耗しきって、俺はベッドにダイブした。枕に顔を押し付け、そのまま眠りに落ちそうになる寸前、素朴な疑問が頭に浮かんだ。俺は大好きな枕から顔を離して、キングを見た。キングはなぜかカズダンスを練習していた。


「気になることが1個あるんだけど……」

キングは踊りをやめて俺を見た。

「……ん?」

「俺、キングって、鏡とか、窓とか、なにかに映る自分の顔を見ると出てくるって思ってたんだよね。1回目の水槽。2回目のスクールバス。どっちも俺の顔が何かに映ってた。だから、なんか関係あるのかなって思ってたけど、今回は違ったから」

「え、俺を鏡からしか出てこれない、かわいい鏡の妖精かなんかだと思ってたの?」

かわいくもなければ、妖精って顔でもないだろ、とは言えなかった。

「いやなんていうか……」

「別に俺はどこにでも出てくるぜ。ただ……」

「……ただ?」

「オマエが鏡や窓を見る時は、たいがいダメな時だ。わかるだろ?」

確かに。

俺は日常的に鏡なんて見ない。髪型なんてどうでもいい。むしろ同級生で鏡ばかり見ているヤツとはイマイチ仲良くなれない。ただ迷っている時、これでいいのかと思う時に、鏡や窓を見ている気がする。


「そっか……」

俺は妙に納得した。

「あとさ、キングって……」

「1個って言ったろ? 男なら一度口にしたことを変えるな」

ピシャリと言われた。

俺は2つ目の質問を諦めた。鏡と窓の謎が解けただけでも良しとするか、と自分に言い聞かせて。

大人になって、働いて、毎日髭を剃るような仕事をするとしたら、鏡に向かって何を思うんだろう。そんなことを考えていたら、あっさりと眠りについていた。

翌日、学校の昼休み。俺はまわりにCOLO-COLOファンの同級生たちを集め、キングとつくった完璧な作戦を披露した。拍手が起こるかと思っていたが、全員がもれなく否定した。

「不可能だね」

同級生たちの説明によると、まず、エスタディオ・モヌメンタルの観戦席とフィールドの間にあるフェンスはメチャメチャ高さがある。さらにその高いフェンスの頂上部には有刺鉄線が張り巡らされている。仮にニンジャのように素早く登って乗り越えたとしても、フェンスのまわりはもちろん、ピッチに通じる道も全て、たくさんの警備員たちが常に見張っている、と。

「いや、でもやってみないとわからないよね」

俺が主張すると同時に、皆は違う話題をスタートした。大親友のパンピーさえも、俺に向かって外国人風に肩をすくめた。まあ、外国人だけど。

皆にスルーされた作戦ではあるが、やってみないとわからないわけで。てことはとりあえず行ったらなんとかなるんじゃないか、という天才的なポジティブ変換が可能なわけで。俺はすぐさま、次にエスタディオ・モヌメンタルで行われるCOLO‐COLOの試合日程をチェックした。

作戦決行当日、試合開始よりかなり早く着いた俺は、初めてのエスタディオ・モヌメンタルに感動したあまり、見ただけで満足しそうになっていた。なんなら帰ってもいいような気がした。これじゃいかんと首を振り、まずは観客席に向かった。ガラブランカと呼ばれる熱狂的なCOLO‐COLOファンたちがひしめき合いながら、声を揃えて応援歌をシャウトしている。興奮のるつぼである。まだ試合前にもかかわらず、だ。

試合が始まると、試合前とはケタ違いの迫力がスタジアムを包んだ。腹に響くような太鼓の低音。その音に合わせてジャンプするガラブランカたち。彼らがジャンプするたびに、地響きのような振動が俺の体と心を揺らす。

これがエスタディオ・モヌメンタルか。南米のサッカーに対するバイブスの強さ。そしてC

ＯＬＯ‐ＣＯＬＯのプレイとガラブランカの応援とが生み出す、スタジアムから溢れんばかりの熱狂。他のスタジアムにも色々と行ったが、ここは何かが違う。鳥肌が立ちっぱなしのまま、俺は我を忘れて応援し続けた。

試合の結果はＣＯＬＯ‐ＣＯＬＯの圧勝。憧れのガブリエル・コカ・メンドーサも大活躍。これまでの試合観戦なら、過去最高に満足して帰宅するところだが、今日はここからが俺の勝負である。

何をしても、どんな手段を使っても、誰になんと言われようとも、俺は魂込めて書き綴った挑戦状を、カブリエル・コカ・メンドーサに渡さなくてはならない。

エスタディオ・モヌメンタルVS俺（侵入者）。

誰も知らない第2試合の始まりを告げる笛が鳴った。
まずは、当初の作戦通り、乗り越えられそうなフェンスを探したが、どこにもそんなヌルい場所なんてないことを確認。有刺鉄線があるにもかかわらず登って怪我するファンがあとを絶たないとも聞いた。しかし、ここまでは友だちに聞いているからなんの問題もない。やっぱりね、と余裕しゃくしゃくの表情で歩き回る。しかしどれだけ歩いても、ピッチに通じる道の気配がない。

どうする、どうするんだ、俺？
思考をフル回転。
THERE IS ALWAYS A BETTER WAY.
見つけ出せ、選手たちに通じる道を。

もうとっくに試合は終了している。選手たちがピッチをあとにしてから、すでに数十分が経過しているのだ。時間はほとんど残されていない。着替え終わった選手たちがスタジアムを出てしまう。スタジアムを出てからじゃ遅い。あくまで、エスタディオ・モヌメンタルの中で挑戦状を渡すと決めているのだ。

俺は余裕をかなぐり捨ててスタジアム内を走り回り、打開策を探った。そして、ついに見つけたのは、フェンスも何もない、選手たちのいる場所に通じるシンプルかつ、最短なルート。俺は、関係者専用入り口という、脇に警備員が2人立っている、大きな扉を発見したのだ。

ここを通過できれば、その向こうには夢が待っている。仮に今、ドラえもんが「どこでもドア」を出してくれたとしても、俺の望む夢があるのは、この扉の先なのだ。

つまりこれが、俺にとってのリアルな「どこでもドア」だ。

人生で初めて見つけた「どこでもドア」は鉄の塊で、無骨で、重々しかった。ドラえもんなららこんなシリアスなドアは出してこないだろう。でも俺は、このシリアスすぎる、まったくアニメっぽくない扉を開くと決めたのだ。

いでよ、俺の我がまま！　そして俺の運命をも開け！

魔法使いのように心の中で叫んだ。

もちろん、魔法は使えないので、まずはそしらぬ顔で素通りしようと試みた。予想通り、警備員に声をかけられた。夢を叶えようとすると、いつもそれを阻止しようとするモンスターたちが現れる。ゲームだって現実だって同じだ。


「待ちなさい」

モンスターが言った。いや、モンスターのような顔をした警備員だ。

「はて？　なんでしょう？」

俺はしれっと答えた。

「どこに行くんだ？」

もう1人の警備員が続けた。サンドイッチのように、2人で俺を挟むポジショニングになった。ディフェンダーとしては動きがいい。


「選手たちにとても大事な用事があってさ」

あたかも身内のように言ってみた。

警備員は鼻で笑った。

「いいか、我々の仕事は、オマエみたいなヤツらを通さない、ということなんだ。それがここに立っている理由だ。さ、帰りなさい」

正論だ。

そりゃそうだよな、ダメだよな、と思ってしまった。ちょっと様子みるか、と一旦離れるべく扉に背中を向けた瞬間、数日前の痛みがまだ残るケツに、あの時よりも強い蹴りがズバン、とゴールインした。

振り返ってよく見ると、警備員の1人の顔が、キングになっている。え、そこにいるなら開けてくれよ！　心の中で叫んだ。しかしキングはナメるな、とばかりに睨んでいる。その迫力は警備員よりもずっと強く、俺はさらに後ずさりしてしまった。

「いいか、『そりゃそうだよな、ダメだよな』なんて思った瞬間、アウトだろ？　心のどこかでどうせダメかもって思ってたんだろ？　そんなあわよくばな気持ちで我がままが通るわけないだろ？　もっとワルあがきしろよ！」

そんなこと言われてもダメなもんはどうしようもないじゃん……。もう1人の警備員には、キングの声は聞こえていないようだ。キングは警備員の服がキツイのか、ボタンを緩めながら続けた。

「何をゴチャゴチャ考えているのかしらんけど、話は単純だろ。ここにいる警備員の、オマエを通したくないという気持ちと、オマエのここを通りたいという気持ち、どっちが強いのかっていう勝負じゃないのか？

ここを通りたいってオマエの気持ちは、我がままだ。でも、こいつらがココに立ってオマエの行き先を阻むのも、給料もらいたい、仕事をちゃんとこなしたい、あとで上司に怒られたくない、そんな我がままなんじゃないのか？」

なるほどね。俺は心の中で指をぱちんと鳴らした。

我がまま勝負ってことか。

「こういった我がままのぶつかり合いの結末は、こっちが折れなければ、相手が折れるしかありえないんだ。ダメだった、なんて結果は存在しない」

俺が俺の我がままで勝てば、モンスターは倒れる。それで俺の願いが叶うんだ。よし、セカンド・ラウンドだ。俺は頬っぺたをパンパンッと叩くと、それが合図かのように、キングだったはずの警備員は元の警備員に戻っていた。

もう大丈夫。サンキュー。


俺はモンスターたちに面と向かった。軽く咳払いをして息を整え、真剣な顔で言った。

「俺はね、この魂込めた挑戦状を選手たちに渡して、このスタジアムで一緒にサッカーをするっていう夢があるんだ。それを邪魔しようとするのはなぜなのか、説明してくれ」

警備員は聞き分けのないガキだ、と顔をしかめながら返事をした。

「だから、俺たちはオマエみたいなのを入れないのが仕事なんだって」

さっきの俺はこのセリフでダウンしかけた。でも、ルールが明確になった今、俺は止まらない。警備員に、もう一歩近づいた。自分よりもずっと大きく、巨大な冷蔵庫のようにガッチリとしている2人を見上げた。

「俺は、2年前に日本からここチリに引っ越してきた日本人だ。でも、このアツい国に住むうちに、俺もアツい気持ちになったんだ。俺は今、俺の夢を叶えたいというアツい気持ちに満ちている。アンタたちラティーノには、アツい血が流れてるんだろ？」

「……それとこれとは別だ」

一瞬の間があいた。警備員たちは考えている。チリ人は、自分たちにこそ濃いラテンの血が流れているという誇りを込めて、自分たちを「ラティーノ」と呼ぶ。チリという国が、チリ人の血統が持つ、情熱を認め、その誇りを讃える。ましてや日本人に言われたら嫌な気持ちはしないだろう。今だ！ と俺は言葉を連ねた。

「俺にとっては今しかないんだ！ 今ここを通らなければ俺の夢は叶わない。アンタたちは、この扉の向こうに俺を通したところで、なんだっていうんだ？ 自分のボスに怒られたくない、たかだかそんな理由で、地球の反対側、日本からやって来た13歳の子どもの夢を潰そうとするのか？ 子どものアツい気持ちに、アツいラティーノなら応えてくれるはずだろ？ 俺の知ってるチリ人たちは応えてくれるぜ？ ははーん、さてはアンタたち、ラティーノじゃないな？」

「……」

警備員たちは沈黙した。俺は自分の言いたいことを全て言い、渇ききった喉を、ツバを飲んで潤した。警備員たちはお互いに目線をやりあい、そして片方の警備員が俺に視線を移し、険しい顔のまま言った。

「俺たちは見てない。行け」

奇跡が起きた！

アツい想いとそこからひねり出された言葉が、魔法となってモンスターたちを退けた。俺は心の中でガッツポーズをし、目の前の「どこでもドア」を自分の両手で押し開け、夢が叶う、その場所へと足を進めた。

「どこでもドア」は、俺を憧れの選手たちのところへと導いてくれた！

俺は小走りで通路を進み、COLO-COLO選手専用の更衣室を見つけ、そしてついに、彼らと対面した。

そこには、世界一を決める試合で決勝ゴールを決めたチリ代表キャプテンのハイメ・ピサロ。悪魔の異名を持つボリビア代表キャプテンのマルコ・エチェベリ。ブラジル屈指のストライカーのトニーニョ。チリ代表の暴君ディフェンダーのハビエル・マルガス。そして、俺が最も憧れるCOLO-COLOのエース、ガブリエル・コカ・メンドーサ。他にも憧れの選手たちがずらりと並んでいた。

ん？　なにか違うものも並んでいるぞ？

俺は目をゴシゴシとこすった。

鍛えぬかれた体を持つヒーローたちは、ライバルとの試合で勝利した興奮からか、真っ裸、フルチンで盛り上がっていたのだった。

俺は初めて見る南米人の大人と、今まで見知った日本人の子どもとのチンコスケールの差を感じながらも、最大の目的を果たすためにフルチンたちの間を小走りで駆け抜け、メンドーサの元に辿り着いた。

そして挨拶を交わすと、真剣な顔で挑戦状を渡しながら言った。

「俺と勝負してください！」

一瞬驚いた表情をしたメンドーサだったが、あっさりと、にこやかに、OKサインを出した。快諾してくれたのだ！

あとで聞いた話だが、エスタディオ・モヌメンタルの更衣室に忍び込んだのも、素人のくせに挑戦状を渡してきたのも、記録されている歴史上、俺が初めてだったようだ。

俺は、エスタディオ・モヌメンタルとの勝負に勝ったのだ！

WINNER！

後日、COLO-COLOの練習に俺は招待され、エスタディオ・モヌメンタルで、憧れの選手たち全員と一対一で勝負をした。世界一のチームの選手たちとの、夢のような対決。選手たちは俺をガキ扱いすることなく、洋服を掴んだり、足にガチなスライディングをカマしてふっ飛ばしてきたりと、「これがプロの世界だ」と言わんばかりのラフプレイの洗礼を与えてくれた。実力は対等でなくても、サッカーを愛する人間として対等に扱われている気がして、最高に嬉しかった。あぁ、キングのラフプレイもそういうことだったんだなと、この時理解した。俺は何度倒されても楽しくてしょうがなくて、夢の時間を楽しんだ。

この夢の時間を境に、俺と選手たちは仲良しになった。彼らは日本からやって来たヘンテコなガキを気に入ってくれたようで、それから何度も練習や試合に誘ってもらえるようになった。試合後のスタジアムは治安が良くないという理由で、選手が車を運転して家まで送ってくれることもあった。

俺がこの話をすると、学校の友だちはポカンと口を開けたまま動かなくなった。俺は俺とキングでつくった作戦を、皆に認めさせたのだ。しばらくして、ようやく事実を把握したチリ人たちは、ひがんだり妬んだりすることなく、よかったな、やったな、と、反対していたことも忘れて喜んでくれた。そのラテンなノリも心地よかった。

俺は誇らしかったし、なにより、自分にとっての「どこでもドア」を発見したのが嬉しかった。

そしてひとつ、わかったことがある。

「どこでもドア」は、あの漫画の中でそうだったように、ドアさえ開けることができれば、その人の行きたい場所へと連れていってくれる。そしてそのドアは、自分自身の手でしか、開けられないドアなんだ。

adidas
adidas
adidas

adidas

第4章　伝説への旅

相変わらずホットな毎日を、全力でエンジョイしていた14歳の俺に、またしても新たな運命の出会いがあった。それは、運命の神様が渡してくれた、1冊の本だった。

正確には、学校から帰ってすぐにリビングのテーブルで発見した、家族の誰かが置きっぱなしにしていたであろう、1冊の本だった。いつもは漫画専門の読書家であるが、なぜかその本に惹かれて手に取りパラパラとページをめくると、どうやらチロエ島、という島にまつわる話のようだった。聞いたこともない島である。俺はソファに座って、難しい漢字を飛ばしながら読み始めた。

俺の住む町、チリの首都サンティアゴから、1300㌔ほど南下したところにあるという、チロエ島。かつては全島が深い森に覆われ、自然そのものだったらしい。それから植民によって島は切り開かれたが、それでもたくさんの森林地帯が残り、森、海、そして土地が人々の生活を支えている。

はるか昔から変わらない、シンプルな半農半漁の暮らし。雨や霧が多く、雲の立ち込めた空、荒れた海、そして深い森。神秘的な環境に囲まれたその島には、たくさんの伝説があった。

普通の小説なら3秒で飽きる俺が、いつしか夢中になってその本を読んでいた。

夜道で後ろから男に抱きつく黒衣の未亡人ビウダ。海から現れる巨大な海馬。幽霊船。海の女王。たくさんの魔法使いたち。少し不気味で、不思議さが満ちていて、ちょっとエロチックで。中学生ながら、大人向けの伝説、という雰囲気に心が強く惹かれた。

さっそく俺は、相棒のユウホに電話した。ユウホは、俺と同じサンティアゴ市に住み、ニド・デ・アギラスに通う、ペルー生まれでスペイン語がペラペラの日本人だ。日本人の両親の間に生まれたはずなのに、どこかペルー人のような顔をしている。

「ユウホ、スゲェ島見つけたぞ」

俺は電話口でユウホに、読みたてで仕入れたてホヤホヤの、チロエ島伝説を熱く語り、そしてこう結んだ。

「なあ、2人で旅に出ようぜ。チロエ島の伝説が本当か、確かめに行こうぜ！　後ろから未亡人に抱きつかれようぜ！」

興奮しすぎて、着地するポイントがズレてしまっている俺だったが、俺が語った数々の伝説は、相棒を完全に魅了していた。

人生初の2人旅。この響きだけでもワクワクする。

俺らはチロエ島への旅を実現させるため、作戦会議を重ねた。チロエ島までの距離、1300㌔については、

「自転車とヒッチハイクでなんとかなるでしょ」

と楽観視。

旅行には泊まる場所も必要である。しかし金はない。
「テントがあればどこでもホテルみたいなもんだしな」
「あとはチロエ島で考えようぜ！」

作戦会議は終了した。

細かいことなど何も考えていなかった。全てが初めてになるであろう、子ども2人だけの旅。大人の干渉はなく、どこまでも自由な旅。俺らは旅人になるんだ。想像するだけで最高に胸の鼓動が高まった。しかし、この夢の旅を実行するには、俺にも、ユウホにも、それぞれに大きな壁があった。

両親だ。

当時、俺らは14歳。中学2年生だ。
世界の中でも治安の良くない部類に入る南米大陸。都会のサンティアゴ市から、何があるかわからない郊外を抜けて、さらには島に渡るという無謀な長距離プラン。簡単にイエスという親はそうそういないだろう。

確かに、俺は恵まれた坊ちゃんだ。優しい両親に育てられた。しかし、アシュラマンでいうところの怒り面である、我が家の厳しさについては、あえてベールに包んで隠しておいた。理由は特にない。

北里家厳しさ代表選手は、その家長である、俺の父親だ。身長はそこまで高くないがどっしりとした体軀。重心が低く、佇まいに静かな迫力がある。怒らせてはいけない香りを、そこはかとなく醸し出している。実際、怒るとめちゃくちゃ怖い。耳から煙が出ると怒りのカウントダウン。最終的には太い眉と大きな目からスペシウム光線が出る。いや、出ない。ただそう感じるほどの圧があるのだ。しかも、学校の成績に関して1位以外は認めないほどの完璧主義者でもある。

父親本人が仕事ができまくるスーパーエリート最強サラリーマンだから文句も言えない。仕事の話を家でする人ではなかったのであまり詳しいことは知らないが、現地の新聞で大統領と握手してる記事を目にしたり、新聞記事でどんな仕事をしているのかを知ることが多かった。中学生ながら「サラリーマンダセェ」と一度も思ったことがなかったのは、父親のサラリーマン姿がカッコ良かったからだ。しかも、もし仮に父親に文句を言ったとしても、完璧に論破されるほどの論客である。

そんな恐ろしい&厳格&難攻不落な父親から、どうしたら旅に出る許しを得られるのか、見当もつかなかった。とはいえ、許してもらうしかない。勝手に飛び出すのは何か違う。俺らはこの困難を、正面からぶつかって乗り越えなくてはならない。「どこでもドア」は必ず自分の正面にあるんだ。

「伝説への旅」

脳内に湧いたキャッチフレーズに酔いしれていた俺は、とにかく行動あるのみ、とユウホと作戦を立てた。

その名もそのまま、

「伝説への旅計画プレゼンテーション大作戦！」

まず、俺の家族とユウホの家族とでの、キャンプ旅行を提案した。あくまで普通の旅行として。あっさりと提案は通り、キャンプ当日。お互いの家族同士で親交を深めたあとは、定番のキャンプファイヤー。

炎を囲み、お互いの両親が機嫌良くワインを飲んでいるところで、こっそり準備した資料をもとに、「伝説への旅」計画を勢いよく発表した。しかし、キャンプファイヤーの火が消える頃には、俺らの勢いは完全消火されたのだった。

「計画が甘すぎる」

「リスクが高すぎる」

「まだ早い」

俺らは俺の母親、ユウホの両親、プラス俺ら2人それぞれの姉からの反対意見を、盛りだくさんの5・1chサラウンドシステムで聞かされ、打ち負かされていった。

逆に俺の父親だけは、ほとんど口を開かなかった。他の家族の猛反対に勝てなかった俺らに、ボスキャラの登場は必要ないと判断されたのだ。

それから数ヶ月にわたり、幾度となくプレゼンし、説得しようと努力したが、旅の許しは得られなかった。

「なんで親はわかってくれないんだ……」

何度も計画を練り直し、考えに考えを重ね、旅への情熱をどれだけ本気でアツく語っても、答えはNO、の一言だった。

俺はあまりの悔しさに苛立った。しかし、苛立てば苛立つほど空回る。空回った人間の説得など、誰の心も打たない。駄々をこねる子どもと同じである。その悪循環にどこかで気づいてはいたけれど、俺はますます道を見失い、袋小路に迷い込んでいた。

「無理なのかなぁ……」

チリの地図はもちろん、チロエ島の写真の切り抜きや記事など、旅への期待を貼りまくった自分の部屋の壁を見つめながら、唇を痛いほど嚙みしめ、背もたれに体を預けるように椅子を揺らしていた俺は、ついにその言葉を呟いた。あまりにも落ち込んでいたので、ＮＧワードを発したことにも気づかなかった。

途端、キャスター付きの椅子が俺の意志とは関係なく動き出した。地震か？　と思う間もなく俺はチロエ壁に顔をしたたかにぶつけた。痛みと共に思い出す、アイツの姿。

言われる前に言ってやる。

「目が覚めたか？　だろ？」

俺はオデコをさすりながら振り返った。

そこには、薄茶色のボロ布をまとったキングがいた。今回は旅人っぽい格好である。もしかしてチロエ島に行きたがっているのだろうか。

「今年は出番多いな。……これがリアル中2病ってやつか」

「え?」

「オマエな、こないだCOLO-COLOの時にもヒヨったじゃねーか。鼻垂らして何も考えてないバカで無鉄砲な小学生の時の方がまだマシだったぞ」

俺のいたいけな小学生時代をそんなふうに見ていたなんて……。

親戚からは天使、と呼ばれていたのに……。

キングは俺の天使な思い出を鼻で笑ってから、俺が座っていた椅子を取り上げ、自然に俺は床に転がり落ちるのだが、そんなことには構わず、背もたれを前にして組んだ腕を乗せ、床にいる俺を見下ろした。どうやら見下ろすのが好きらしい。

「言っとくけど、オマエの名前は生涯変わらない。名字は婿に入れば変わるけどな。オマエはオマエの、洋平という名前で生きてきたし、これからもそうだ」

そんなの当たり前じゃねーか。

「それと同じだ。オマエの父親は、これからもずーっと父親のままだ。離婚でもしない限り。……ま、あの2人仲いいからな。離婚しないだろうな……。こないだも……あ、いや、なんでもない。ガフンッ」

キングは犬のような咳ばらいをひとつした。

「つまり、オマエは、これからずっと、オマエの厳しい父親の前で、何かを諦めて生きるのか？　今諦めるってのはそういうことだろ？　今諦めるオマエは、来年も、再来年も、ずっと諦め続けるぞ。親が反対するから諦める。それは今後一生、オマエは親が許容する範囲内でしか行動できないってことだ。それでいいんだな？」

悔しさがパンパンに詰まった俺はさながらサンドバッグのようで、キングはそのサンドバッグに容赦ないストレートを叩き込んでくる。サンドバッグが破れて砂と一緒に涙がチョチョぎれそうだ。言い返したいが言い返せる言葉がない。

これまでの人生で初めて両親に反発したし、初めて2人に対して何かを説得しようとした。プレゼンだって何度もした。プレゼン中、後ろで黙って聞いている父親が、正直怖かった。それでも俺は努力した。プレゼン資料も、何度もつくり直した。あがき続けて、挑戦し続けた。それでも首を縦にふってくれなかった両親に、これ以上何を言えっていうんだ。

噛み続けた唇が裂けたのか、じんわりと血の味がした。目尻に涙が滲む。

キングは俺をじっと見つめている。自分で答えを出せとばかりに、何も言ってくれない。俺もキングを見返す。大きな、真っすぐな、嘘のない目。この目に見つめられると、嘘はつけないし、いつも自分の本当の部分が引き出される。でもやっぱり言葉が出てこなくて、代わりに目尻に溜まった涙が頬を伝った。

「泣くな！　乙女か！」

というツッコミが来る、と思わず目をつむる。

しかしいつもの激しいツッコミがない。

再び目を開いた。

キングは俺を見つめたまま、ただ、トン、と俺の心臓のあたりを拳で突いた。

「ここに、覚悟はあるか?」

「え?」

「オマエにも、ユウホにも足りなかったのは、世界中の全員から反対されても俺らはやるんだ、っていう強い覚悟だ。14歳のガキ2人に、南米のよくわからん島へ旅したいなんて言われたら、そりゃあ親は心配するだろ。その上、オマエみたいに、ダメって言われて最終的に引き下がるようなら、ダメはひっくり返らないわな。結局オマエらに覚悟がないから親にも伝わらない。原因は親ではなく、オマエらの覚悟のなさにある」

「……覚悟。……なかった。いやあったけど、足りなかった。足りないし伝わらなかった。ってことはなかったと同じ……」

キングの拳で突かれた胸がアツい。素直な気持ちが言葉になって溢れる。

「そうだ。それに、親から許可が出たら問題は全部解決って思ってなかったか？　甘い！　甘すぎるよ坊ちゃん！　常に具体的に考え、イメージしろ。旅で使う自転車は誰が買う？　テントで寝泊まりするっつっても、食費はかかるぜ？　俺は喰うぜ？」

やっぱりこいつ、行く気満々だ。素直にちょっとイラッとする。でも言ってることは正論だ。

「旅の途中、風邪引いたり、怪我したりして病院行ったらその治療費は？　どうせオマエらは、親がイエスと言うイコール、お金も出してもらえるって思ってるんだろ？　それは『旅に行きたい』と頼んでるのとは違うだろ。『旅に行きたいけど準備は全部お願い』と言っているのと一緒だろ？　そんなもん、ただガキが親に依存してるだけじゃねーか。そんなお子ちゃまが旅に出るなんて1000万年早いわな」

1000万年は長すぎるけど、確かにそうだ。俺らは親に気持ちを伝えたけれど、もしOKさえ出れば、あとはなんとかなるって思ってた。お小遣いなんてとっくに使い果たしていた俺らは、お金がなくてもなんとかなる！　と思い込む一方で、「じゃあこれで行ってきなさい」とお金を渡してもらえるんじゃないか、とも考えていた。

甘々の坊ちゃんコンビだ。

「我がままを貫くっていうのはそんな甘いものじゃない。これまでのオマエらの我がままなんてのは、ただ駄々こねてただけだ。赤ちゃんか？　おい、赤ちゃんか？　赤ちゃんなんでちゅか？」

赤ん坊言葉がまったく似合わないキング。

「今までオマエは、口先と腕相撲でなんとかしてきた。でもそのレベルじゃ今回のモンスターは倒せない。わかってるだろ？　今までは、その場しのぎのオマエのワルあがきを、まわりが折れて、受け入れてくれていたんだ。その程度の我がままなんて、はた迷惑レベル。所詮たいしたことねーんだよ」

図星だった。

我がままを極めよう！　と小学生で決意したにもかかわらず、そもそも我がままの本質がなんなのかなんて、突き詰めて考えてこなかった。キングの言う通り、とりあえず我がままを叫び続ければ、いつかまわりが折れるはず、ぐらいの甘い考えだった。

素直に熱くなっていた胸が、ぎゅうっと締まるように苦しい。

「本当に我がままに生きるっていうのは、
まわりにいる人間が全員反対したとしても、
誰も協力してくれなかったとしても、
自分の力でその我がままを貫くってことなんだ。
他人がなんとかしてくれるもんじゃない。
許してくれるのを待つもんでもない。

自分の我がままを受け入れ、貫き、叶えるのは自分以外いないんだ。
だから、我がままと覚悟ってのはいつもセットで持っていないと意味がないんだ」

覚悟。責任。
確かに俺は、人任せだった。
その場しのぎで口も手も動くが、結局は親鳥が運んできてくれる「誰かの許可」という餌を、
口を開けて待っている甘えん坊の雛でしかなかった。

全てを自分の責任でなんとかする。
そのためには何ができるのだろうか。

「しょうがねぇな。コツを教えてやる……」
「え？」

キングは首を回した。

骨がゴキゴキッと鳴った。

コツ……骨？

俺の頭に浮かんだハテナは、次の言葉でずっと遠くに吹き飛んだ。

「自分の我がままな欲求を諦めることを、諦めろ！
それが覚悟だ」

衝撃的な言葉だった。

諦めることを、諦める？

それが覚悟??

否定の言葉に否定を重ねて、肯定的な言葉に生まれ変わる。日本で流行っていた槇原敬之の曲のフレーズ「もう恋なんてしないなんて 言わないよ 絶対」みたいな感じ？

飛んでいったハテナがブーメランのように戻ってきた。頭が真っ白だ。でも、わかりそうな予感もあった。その予感を諦めたくなかった。歯を食いしばって考える。

「そうだ。ゲロ吐く程考えろ。もがけ、あがけ」

ゲロ吐く代わりに、頭がパンパンになってくる。でも、今この大切な感覚を失いたくない。キングの言葉は、俺が俺であるために今最も必要なものなんだと本能で理解していた。今諦めたら俺じゃない。ああもう頭なんて爆発してもいい！

「俺は俺の我がままを諦めない！　全員敵でも！　誰がなんと言おうと！　言葉がダメなら、俺は動く！　行動する！」

思わず出た声と共に、心の中で何かが着火した。静かに、燃えている感覚。

パンパンだった頭が、静かになっていく。キングが俺の頭の上に手を乗せていた。大きくて厚くて、あったかい手だった。

「それが覚悟だ」

キングは、遠い記憶の父親のように、俺の髪をくしゃくしゃっとした。その手も、父親に似ている気がした。安心が全身を緩める。

「キングって、誰なの？」

緩んだ心から、ずっと引っかかっていた言葉が、ポン、と出た。

キングは俺の頭の上に手を置いたまま、なんでもないことのように言った。

「知らなかったのか？　オマエだよ」

「え？」

「ここにいる、一番我がままな、オマエだよ」

キングは再び、俺の胸をトントン、とノックするように軽く叩いた。

「？？？」

俺は思わず自分の胸を見つめた。

「いいか？　人間には、いやオマエの中には、強いオマエ、弱いオマエ、頑張るオマエ、ズルいオマエ、したたかなオマエ。色んなタイプのオマエが押しくらまんじゅうしているみたいにぐちゃぐちゃで存在してるんだ。どれもオマエなんだけど、そいつらは、『両親』とか『学校』とか、大人になれば『社会』とか、そんな『環境』に合わせて生きている。本当はやりたくないことでも、まわりに合わせて生きている。限界を感じたり、無理だなって思ったりして諦めようとするヤツもいる。

そんなヤツらがオマエの中にいるせいで、現実のオマエはしょーもないことで勝手にウジウジ悩んでるんだよ。でも俺からしたら、そいつら全員どうでもいい。

所詮は色んな事情や常識に影響された混ざりモノのオマエだ。

俺は違う。

俺は、我がままなオマエだ。

オマエが生まれた時から根本にずっとあった、本音であり、欲求そのものなんだ。社会のルール？　環境？　限界？　クソ喰らえ。俺はそう思ってる。そしてそれは、オマエの本音ってこと。あるがまま我がままな、混ざりモノ0％、純度100％の、本当のオマエだ。最も純粋で、最も強い。つまり俺は、色んなオマエの中の頂点に君臨しているんだ。それが、俺が自分をキングと呼ぶ、キングたる所以《ゆえん》だ。……わかったか？」

我がままな俺、が一番偉くて本当の自分ってこと？

黒板に裸の王様って書いてあったからキングって名前を思いついただけじゃなかったの？

本当の俺？

じゃあなんでキングのツッコミはあんなに痛いの？

てか俺そんなヒゲモジャじゃないんだけど？

そして俺に厳しすぎない？

たくさんの疑問が溢れでる。

「質問、まだあるんだけど……」

キングにそう問いかけようとしたが、言葉は続かなかった。

まるで伝説に出てくる幻の登場人物かのように、キングは音もなく消えていた。見回しても誰もいない。ただ、東向きの窓から朝日が何も言わずに差し込んでいた。

いつのまにか、朝になっていた。
徹夜なんかしたことなかったが、その時の俺は眠気もなく、むしろ新しい「今日」の始まりが、嬉しくて、楽しみで、ワクワクしていた。

俺はその日、額と額をぶつけるようにしてユウホと話し込んだ。自分たちの力で旅を実現させるのに必要なことは何か。まずはどういうモノが必要かをリストにしていった。自転車。テント。キャンプ用品。そしてそれらを購入した上で、さらに必要な移動費や宿泊費、食費など、旅に必要と思われる資金を計算していく。その金額は、俺とユウホの部屋をひっくり返しても集まらない金額だった。それでも不安はなかった。あるのは覚悟だけだ。もちろん親に頼るつもりもない。どう稼ぐのかが問題だった。

今まで俺らは、自分の力で、お小遣い以外のお金を稼いだことは皆無だった。

日本よりもダークサイドビジネスの低年齢化が進んでいるチリ。子どもたちが違法で何かしら稼いでいる事実を聞いたことがあるが、もちろん犯罪である。一般的には、14歳でアルバイトまがいのことをしている子もいたのだろうけれど、同い年でも日本人のガキに仕事を任せてくれるような働き口は、少なくともサンティアゴ市にはなかった。

「働く」という未経験すぎるモンスターを前に、俺らはない知恵を絞り、絞りカスになり、お腹が空き、とりあえず買い食いでもしようかと町に出た。

向かった先は、2人でよく行くアポマンケというショッピングモール。お菓子を齧りながらモールの内外をグルグル歩いていると、モールの外周のあたりに店を並べている、露天商たちに目がとまった。タバコを吹かし、ダラダラとくっちゃべる、やる気ゼロの露天商たち。ここにガキンチョが混じっていても、何か言われることはなさそうだ。

何かを売るっていうのもアリだな。

ユウホと頷き合い、露天商の出している店を、1店舗ずつチェックした。すると、彼らが売る品の中に、世界各国のコインを加工して、ペンダントトップにしているものを発見した。しかも、同じようなものを売っている店が結構ある。ということはそれなりに売れている、ということだ……。そして日本円のペンダントトップはない……。

これだ！

俺とユウホはハイタッチを交わした。ここで店を出す必要もない。露天商たちに日本円のコインを売ればいいんだ！

さっそく俺らは1人の露天商のおじさんを捕まえて質問した。日本円のコインを買ってくれるかどうかを尋ねると、デザインによってはOKだ、という返事をもらった。ついに活路を開いたのだ！

翌日、学校にいる日本人生徒たち全員に頼みこみ、日本円の硬貨を譲ってもらった。放課後、集まった小銭を、前日に会話した露天商のおじさんの店に持っていった。

これが俺の初めてのビジネス体験となった。

まず、とっておきの500円玉は隠したまま、1円玉をおじさんに見せ、買取金額を交渉した。当時のチリの物価は日本の約4分の1。それでもかなり安い値段を提示された。おもいきって100円玉を出してみても安かった。ガキだと思ってナメられている。そこで他の硬貨も広げて500円玉を差し出し、これが日本で一番高価なコインであることを伝えた。

「日本円で1万円だ」とふっかけながら。

しかしおじさんはさすがにプロ。

「ここに500yenって書いてあるじゃねーか。それとな、日本円のレートが、あそこに書いてあるぜ」

おじさんはショッピングモールの入り口を顎で指した。そこには両替屋があり、日本円のレートもバッチリ書いてあった。

詰めが甘かった。俺とユウホは顔を見合わせたが、そんな俺らに向かっておじさんは言った。

「これが一番高く買えるな」

そう言っておじさんが一番の高値をつけたのは、5円玉だった。

「なんで？　5円玉よりこの500円玉の方が100倍も高価だよ？」

俺が質問すると、その露天商は笑って言った。

「何を言ってるんだ。
この5円玉の方がカッコいいじゃねえか。
色もゴールドで、穴が開いてるところがイカシてるな」

そういって、穴の向こうを覗くようにして、5円玉を空にかざした。

驚きの一言だった。

俺は、お金の価値なんて、そこに描かれている数字だけだと思っていた。より高いものを買える、より大きな数字のお金に、より価値がある。それが当たり前だった。でも露天商のおじさんは、硬貨に描かれている数字が表す価値ではなく、彼の審美眼に基づいた、よりカッコいいもの、その価値を重要視しているのだ。

なるほど！　価値の基準って、人によってそれぞれなんだ！

このビジネス交渉は、モノを売ることにおける大切なコトを教えてくれた。俺らにとっては大したものではなくても、他の誰かからしたら、ものすごい価値があるのかもしれないということだ。

タラララッタラ～ン！

洋平は、ビジネスに必要なレベルがひとつ上がった！

とりあえず、持っていた日本円を全ておじさんに買い取ってもらい、コインビジネスは終了した。友だちの小銭も全てかき集めてきているのだ。売るものがなければビジネスは成り立たない。

レベルが上がった俺らは、次なるビジネスに挑戦した。

英会話スクールを自分たちで立ち上げたのだ。

サンティアゴ市には、日本人学校がある。授業も日本語、日常会話も日本語の、日本人だけに向けた学校である。その学校には、スペイン語を話すことができる子はいても、英語を話すことができる子は、ほとんどいなかった。

俺とユウホが通う学校はインターナショナルスクールで、授業は全て英語かスペイン語の選択制だ。俺らは英語での授業を選択していたので、コミュニケーションを取ることには問題がなかったが、ネイティブスピーカーたちが集うその学校内では、俺の英語力などチンカス程度のものだった。しかし、俺らのチンカス英語でも、まったく英語を話せない、日本人学校に通う生徒たちにとっては、価値があるんじゃないか？　コインビジネスで覚えた価値基準の差を、さっそく応用してみることにした。

まずは手始めに、日本人学校の生徒たちに向け、週末の英会話スクール生徒募集！　と呼びかけた。あの敗北したキャンピングプレゼンの場で、比較的穏健派だったユウホのお母さんが、このタイミングでこっそり協力してくれた。日本人学校の生徒のお母さんたちに声をかけてくれたのだ。さすが5人兄弟の母。小学校のほぼ全学年のお母さんへ声かけの橋渡しをしてくれた。結果、予想を超える数の生徒たちが集まった。

「あ、なんかこのビジネス、キタな」

心の中でガッツポーズ。

ビジネス初心者ながら、これはイケると直感でわかった瞬間だった。俺らは覚えたてのチンカス英語を、産地直送のフレッシュな英語だと言い換えて、さも価値があるような顔をしたままスクールをスタートさせた。


生徒は皆、まだ英語を習っていない日本人の小学生たち。その子たちの親からすると、一応英語らしきものを教えてもらえるという価値に加えて、放課後に子どもを預かってもらえる、という二重の価値のある英会話スクールとなった。ちょっと勉強を教えてくれるシッターみたいな位置づけである。

子どもを預けている間、自分たちは買い物やゴルフに行くこともできるので、英会話スクールは口コミでも広がった。生徒たちにとっても、授業時間のほとんどが雑談、という俺らの教育スタイルはしっくりきたようだった。授業後には皆でサッカーやバスケを楽しんだ。親も、子どももハッピー。両方の「価値基準」を満たしたのだ。「英語力の育成」という部分だけをちょっとスルーして。そして俺らもガッポガッポで、もちろんハッピー。みるみるうちに、旅の資金が貯まっていった。

俺らも驚いたが、両親たちも驚いていた。そして俺の両親とユウホの両親による、4巨頭会談が開かれた。

両親たちの懸念は2つあった。

・このまま許可を出さないでいると、積もった不満で、無茶をするかもしれない。
・さらに自分たちだけで貯めたお金だからと、好きなタイミングでいきなり旅に出てしまいそうだ。

やはり、この2番目の懸念が大きかったようだ。お金がなければ旅には出ない、という前提が覆ったのだから。

・それならば、旅を許可して、その代わりに危険なことや無茶なことをしないと約束させよう。

これが4巨頭会談の結論となった。

俺らは、自分たちの力で、ようやく旅に行く権利を勝ち取った。許可を待ったんじゃない、考えて、動いて、この手で摑んだのだ。

旅に行く！　と決めてから数ヶ月がたっていた。
時間はかかったし、涙も流した。しかし、今回の親への反発、という新しいバトルは、「自分たちの我がままを貫く」ためのレベルを上げる、最高のバトルとなった。

親が協力してくれるようになってからは早かった。貯めた資金で、旅の計画が始まってからずっと欲しかったGTというブランドのマウンテンバイクを購入し、旅の計画の中でヌルい部分を両親と一緒にブラッシュアップし、親の勤める会社の同僚の方にサプライズでご祝儀までもらい、多くの協力者の応援に頭を下げて、俺らは期待と希望に満ち溢れたまま、「伝説への旅」

へと旅立った。
１３００㌔先の大自然の島、チロエ島への、ロマンと伝説に満ちた放浪の旅。それは、まったく計画通りにいかない大冒険となった。細かく書くと本が１冊書けてしまうぐらい濃い経験だったが、それはまたいつかの機会に。

ダイジェストで語るのならこんな感じだ。

・かなり早い段階で無一文に。
・チロエ島内での村から村への移動で、水筒がカラになり、口渇状態の中、人生で初めてオアシスの蜃気楼を７００回ぐらい見る。（オアシスを追いかけ続けた結果、ギリギリで次の村にたどり着く）
・空腹に耐え切れず、漁船に忍び込んで魚を盗もうとして捕まる。
・通りすがりの町で行われていたギネス挑戦に参加する。村全体で１トンのシャケを調理し、その日のうちに完食するというギネス記録の片棒を担ぐ。

・警察や、教会の神父に追いかけられた。
・路上で寝るのも、知らない人の家に泊めてもらうのも当たり前。
・初めてのことが多すぎて、毎日鼻血が出るほど興奮していた。実際鼻血が止まらずに旅が中断することもあった。

たくさんの失敗はあったが、この「伝説への旅」は、行くべくして行ったのだと思う。

旅のきっかけとなった、あの本の内容を思い出す。書かれていた数多くの伝説のひとつに、チロエ島の森に棲みつく小人トゥラウコの話があった。小人のトゥラウコが、夜な夜な甘い匂いで処女のみを惹き寄せ、手ごめにするという話だ。

俺が最初に「チロエ島に行きたい！」と思ったのは、未亡人に抱きつかれたい、という気持ちもあったのだが、実はトゥラウコのエロチックな伝説、特に「手ごめ」の部分を見たいという気持ちの方が強かった。ユウホも実はそうだったと、チロエ島で過ごした夜に告白された。中学生らしいエロい気持ちに突き動かされて始まった、「伝説への旅」。

いや、小人トゥラウコに甘い匂いで惹き寄せられたのは、俺らだったのかもしれない。何も知らない処女のようなガキが、様々な初体験をした。今となっては確信に変わっている。やはり、チロエ島の伝説は実在したのだ。

この「伝説への旅」はかなりのビッグイベントだったが、この旅に限らず、チリでの毎日は刺激的だった。サッカー、パーティー、やんちゃ……。一度旅の味を覚えてからは他に短い旅も重ねた。数限りない思い出。その全てが最高に楽しかったし、楽しいからこそ、あっという間に時は過ぎていった。

覚悟という発火装置を手に入れ、さらに成長した我がまま。どんな場所でも我がままを貫いたことで増え続けた根拠のない自信。2つの最高の武器を引っさげ、俺は日本に戻ることになる。

久しぶりの日本で、想像もしていなかった巨大な壁が、再び立ちはだかるとは思ってもいなかったが。

第4章　伝説への旅

第5章 スイッチを入れる

チリに住むようになって早4年。春。俺のファンキーでアグレッシブな日々も、6月に迎える中学校の卒業式をもって、終わりを迎えようとしていた。日本に住んでいる仲間たちはすでに3月に卒業していたし、そしてそのほとんどが高校受験をして、それぞれの高校に入学していた。

俺が通っていたニド・デ・アギラスは小中高と一貫教育だったので、高校受験がない。つまり、受験戦争に巻き込まれることがなかった。また、同じ校舎にいた高校生からも、大学受験に向けて計画的に勉強しよう、という空気を感じることはなかった。

「大学に入るのは簡単だが、そこには勉強をしに行くし、卒業することが難しい」という、日本とは諸々反対の感覚なので、高校3年生ですら、受験ムードにならないのだ。そしてそんな

「一貫して受験ムードゼロ」の学校で、俺は変わることなく、遊ぶことに人生をかけた楽しい毎日を過ごしていた。

海外駐在が長くなったのを理由に、父親が会社から、家族全員で日本に帰ることのできる「一時帰国」という制度を適用された。たまには日本の空気を吸ってきなさい、ということなのだろう。6月の卒業式を控えたある日、俺と家族は一時帰国で日本へと旅立った。

北里家の地元、埼玉に帰ってからすぐ、俺は日本の刺激を求めて「渋谷」に行ってみた。チリにいる頃、数少ない日本の雑誌や、友だちの家で観る日本のテレビ番組（当時は日本で録画したVHSビデオテープを持ってくるしかなかった）で目にしていた渋谷という街。なんだか面白そうな場所だなあと、ぼんやりとした興味の対象となっていた。埼玉と渋谷との距離はそんなにないのだが、日本にいた小学生の頃は、渋谷に用事はなく、ほとんど行ったことがなかったのだ。

どんなものかな、という興味だけで幼馴染みと一緒に埼京線に乗り、渋谷の駅で降り、センター街に足を踏み入れた瞬間、俺は渋谷の街に圧倒された。

当時は渋谷全盛期。センター街には昼夜問わず、ガングロのコギャル、チーマーなど、チリではどこを探してもいないようなタイプの人たちで溢れていた。路地裏を覗きこめばイラン人やイスラエル人が、偽造テレホンカードなどのグレーなものから明らかにブラックでヤバそうなクスリ（のようなもの）なんかを売っていた。よくよく見ると、一緒にいた幼馴染みも、ガッツリガングロのコギャルであることに、この時気づいた。

後日、こっそり入った渋谷のクラブはぎゅうぎゅうに混みあい、そして華やかだった。イケてる（と思われる）服を着た男や女が、異性を求め合い、酒と爆音の音楽にまみれて踊り狂っていた。

街そのものが持つ熱気に、俺は酔いしれた。

チリには、渋谷や新宿のような歓楽街はない。オトナの歓楽街はあるのだが、カサ・デ・プータ（売春宿）やストリップクラブなど、あくまで性的な場所だった。それにもちろん、中学生が行けるような場所でもなかった。

ニド・デ・アギラスにはお金持ちの生徒が多く、彼・彼女らが夜な夜な豪邸で開く、音楽と共に酒を楽しむようなパーティーはあったものの、それらは友だち同士の集まりばかりだった。もちろん、そんなパーティーも楽しかったが、毎回同じメンツが集まるのに飽きていった。チリにはディスコもあったが、渋谷のクラブとは全てにおいて密度が違った。人の多さも、欲望の強さも、音の大きささえ、渋谷のクラブが断然上だった。

若者たちによる、若者たちのための、異常なまでの盛り上がり。次の日に同じ人を見ることがないほど、様々な場所から集まる多種多様な人間たち。

全てが新しく、全てが刺激的だった。

当時の渋谷の特徴として、高校生の数の多さも挙げられる。茶髪。腰パン。ミニスカ。ルーズソックス。制服は違えど似たような着こなしをした高校生たちが、まるでセンター街は自分たちの街だとでもいうような顔で楽しげに過ごしていた。

楽しいだけじゃなかった。南米とはまた違う、「オヤジ狩り」、「エアマックス狩り」や「チーマー同士の抗争」など、渋谷特有の治安の悪さ。街のあちこちで陰陽の熱気が渦巻き、それによって新しい文化が生まれる息吹さえ感じた。渋谷を歩けば歩くほど、そこに集まる俺と同じような世代の若者たちが、こんなにも盛り上がっているんだと、ただただ、驚くばかりだった。そして俺は、こんな楽しい場所や時間、遊びも知らないまま大人になるのは嫌だ、とハッキリとした決意が芽生えていた。

日本に住みたい。

チリで暮らしている時には湧き上がらなかった感情が溢れ出てきた。一時帰国が終わり、チリに戻ってすぐに、俺は親とガッツリ話し合った。日本で高校生活を送りたい。勉強のレベルは日本の方が上だし、日本人として、やはり日本の文化を知った上で大人になりたい。そんなふうにアツく語った。「日本の文化」とは、ほぼ渋谷の文化のことだったが、そのあたりには文化モザイクをかけておいた。

昔から勉強を頑張りたいという気持ち（激レア）には、全力で応援してくれていた両親。俺の、文化モザイクをかけ勉強フリカケをふんだんにかけた願いを、バッチリ認めてくれた。ニド・デ・アギラスの中学を（誰しもが）余裕で卒業したあと、同じタイミングで高等部を卒業し、日本の大学入試に向けて帰国する3歳上の姉と共に、俺は成田行きの飛行機に乗った。

帰国した俺は、埼玉の実家に住む祖母としばらく暮らした。中学の卒業式と帰国が6月。高校の編入は9月で、編入試験は7月から8月にかけてだった。受験には短すぎる準備期間。その期間、俺は久しぶりの日本をエンジョイした。昔の友だちに会ったり、日本語の漫画を読みふけったりと、充実した充電期間だった。

勉強？　しなくても余裕でしょ。そう思っていた。

なぜなら、天才だから。

小学校時代から持ち続けた、根拠のない自信。まわりのクラスメイトたちが10の努力でようやくできることも、自分は1の努力で余裕。本気でそう思っていた。

前にも触れたが、小学生の時は勉強ができた。授業なんてほとんど聞いてなくても、なんとなくで問題が解けていた。（天才度100）
チリでは、英語についていけていない間の成績はヒドいものだったが、「英語覚えれば余裕でしょ」と思っていたし、実際、授業についていけるようになる頃にはそれなりの成績だった。
（天才度120）

さらに俺に自信を与えてくれたのは、数学だ。教育カリキュラムの違いで、チリで教わる数学は日本のそれよりもずっと遅れていた。中学校低学年では、足し算、引き算ができればOK。割り算、掛け算ができる日本人は天才、というような扱いを受けていた。（天才度350）

そう。
俺は天才だった。（俺調べ）
勉強面では何ひとつ苦労せず、語学も体当たりでなんとかなっていた俺に、死角はなかった。

結果、編入試験は全滅。（天才度0）

ついに、自分が日本の教育水準に太刀打ちできないことを知った。両親も、息子が千尋の谷に勝手に落ちることを見越して日本に帰したに違いない。

編入試験では、漢文というものの存在を知らず、

「なんで中国語の問題が出るんだ？　中国語のテストか？」

本気でそう思った。

自信のあった数学は、文章問題の意味さえわからなかった。

名前だけ知っていた高校も、モテそうな地域にある高校も、滑り止めの滑り止めで一応受けた高校も、スケートリンクに裸足で挑んだかのごとく、滑り倒した。しかし今さらチリに戻るわけにもいかない。俺は、なんとしても（どこでもいいから）高校に行く！　という強い気持ちだけは曲げなかった。場所を妥協し、レベルを妥協し、夢の共学生活も妥協した。そして情報網を駆使し、最後に辿り着いたのは、

「願書を取り寄せると、もれなく合格通知が同封されているらしい」

そんな噂のある、千葉県某所の、全寮制の私立男子高校だった。

さすがの俺も、あっさりと合格した。なぜなら、願書を取り寄せたからだ。

渋谷に憧れて日本に帰ってきた俺は、渋谷からは遠くはなれた千葉の山奥の高校に入学した。妥協を重ねた上に試験にも負けたが、実はあまり気にしていなかった。高校なんてどこでもいい。行きさえすれば、バラ色の学園生活が待っている。そう信じてやまなかったし、その期待に、胸も鼻の穴も膨らませていた。


しかし現実は、思い描いていたバラ色ではなく、むしろほぼ真っ黒の、灰色だった。

高校1年生の秋。ウキウキの新入生気分で編入した俺を迎えたのは、「大学受験」という今ひとつピンと来ない言葉と、受験勉強に明け暮れる、生徒と先生たちだった。学内は、すでに受験モードだったのだ。学生生活はあと2年以上もあるのに、皆どうしたっていうのか。学校の授業はすでに大学受験への準備となっている。

先生たちも「今、ラクをしたり遊んだりするようなヤツに未来はない！」そう言い切っていた。いい大学に行くことが全て。その価値観をぐいぐいと押しつけられた。

んー？

学校には若干数だが、イキっている不良らしき生徒もいた。

「大学なんて関係ねぇよ！」

だよな、と同調する俺にさえも、

「てめぇには関係ねぇだろ！」

と牙を剝くような不良たち。

そんなヤツらとのバトルもいたしかたないと、チリ時代に腕相撲と喧嘩で鍛えた腕をグルグル回して心の準備もしていたのだが、あまりにも重々しい受験ムードが学校を支配していたからか、いつのまにか不良たちもせっせと塾に通いだしていた。

放課後、1人腕を振り回し続ける俺。

受験戦争という現実に、まったくついていけないし、理解もできなかった。

今になって改めて思うことがある。

日本人のほとんどは、高校時代には受験勉強を、大学に入ればバイトや就活を、社会に出れば仕事の忙しさを免罪符にして、やりたいことを諦めているのではないだろうか。そういう意味では、日本人というのは、一生をかけて諦めることを繰り返す、やりたいことを諦めるプロフェッショナルたちなのかもしれない。

当時はそこまで考えていなかったが、このまま受験勉強の波に巻き込まれれば、夢にまでみていたはずのジャパニーズ高校ライフ青春編を、諦めることになりそうな予感だけはあった。受験戦争のなかったチリ時代には、それこそ夢にも思わなかったのに。

さらに、チリでは見たことも聞いたこともなかった、イジメというものもあった。先輩、後輩の上下関係によるイジメ。全寮制だからこその、授業時間以外でのイジメ。俺にも火の粉は降りかかってきたが、どうでもよかった。陰湿なイジメに比べれば、チリに初めて行った時に感じた疎外感やぶつかり合いの方が何倍もすごかったからだ。イジメなんかより、大学受験をするかどうか、もしくはできるかどうかという問題のほうが断然、深刻な悩みだった。

編入試験で、当時の俺の学力は底辺にあることが証明された。知識に関しては底辺を突き破って下の下の下だった。要領だけで乗り越えてきたチリでの中学3年間。受験勉強に対して唯一の武器となりそうな英語以外、勉強面では何ひとつ学んでこなかった。大学受験に必要な中学3年間分の基礎的な勉強が、すっぽりたっぷり抜けているのだ。かと言って受験勉強のために貴重な青春を諦めるわけにはいかない。

俺は受験という言葉と青春という言葉の狭間に立って考えた。

まず、受験生たちが醸し出す閉塞感や疲弊感は大嫌いだ。さらに、受験勉強の内容に興味が湧かない。

もし仮に、化学者になる気なんて一ミクロンもない俺が、元素記号の周期表を端から言えるようになったとする。じゃあそこになんの意味があるのか。それを誰かに説明して欲しかった。元素記号を覚えるくらいなら、コンドームの使い方や、アマゾンに飛行機が墜落して自分だけ生存した場合のサバイバル術を覚えたい。そんな先生いないだろ、と言われそうだが、少なくとも俺が通ったニド・デ・アギラスにはいた。先生からも、友だちからも、人生の今後の指針となるようなことや、生きる上で本質的に役立つことをたくさん教わったのだ。しかしそんな知識は、受験勉強に役立つわけではない。むしろクソの役にも立たない。

でも、

「勉強なんてやめだ！　受験しないで青春を謳歌するぜ！」

そうは思えなかった。

大学に行かずに、すぐにでもやりたいことがあれば別だ。そうでなければ、いい大学に行きたい気持ちがあった。

「成績も、学校も、そんなの関係ねえ！」

それは、東大や京大に合格して通っている人間が言えることだと思っていたのだ。余裕で受験をこなし、いい大学に合格し、いい会社に就職できて、その上で「関係ねえ！」と飛び出すのはカッコいい。でも今回、俺が高校さえ選べなかったように、選択さえもできなかった人間が文句を垂れても、それは負け犬の遠吠えだ。否定するのは簡単、逃げるのも簡単。それじゃカッコ悪い。

日本に住むと決めたのだ。その日本が学歴社会であるのなら、その後の人生に学歴はずっとついて回るだろう。少なくともこの時、俺の頭にはそんな考えがあった。親や先生の話を刷り込まれていたのかもしれない。

もちろん、大学なんか行かなくても、楽しく生きていく自信はあった。でもその後の人生、世間というレールから外れた世界で、何をやり、何を叫んでも、「レールの上では通用しなかった人間」というレッテルが貼られたままになる気もしていた。どうせなら、胸を張って、自分はレールの上でもどこでも通用することを証明したい。そしていつの日か、レールから外れて何かに自由に挑戦する、という選択をするのはアリな気がする。漠然とそう考えていた。

が、しかし。しかしである。そもそも、我がままを貫くこと以外になんの志《こころざし》もない俺には、社会に出て何をやりたいかなんて、まだ毛の先ほどもイメージが湧いていなかった。そしてそんなイメージが湧く以前に、これだけ勉強で遅れをとっている俺が大学受験できるレベルになるには、どれだけの勉強が必要なのか。単純に、中学時代を遊び倒した俺の学力レベルは、３

年遅れている計算になる。高校3年間、普通に勉強して過ごしたとしても、大学を受ける頃にようやく高校1年生レベルだ。浪人は決定である。1日でも早く青春を謳歌したいのに、4年も5年も勉強漬けだと、青春は失われるばっかりだ。浪人しないよう、塾に通うという選択肢も出てくるかもしれない。

その間に俺は一体、いくつのやりたいことを諦めるんだろう？

「高校生活を遊びまくり青春を謳歌したい」

「いい大学に合格したい」

どちらも素直な本音である。2つの相反する我がままだ。どうやったらその2つを同時に実現できるのか、皆目見当もつかない。

俺は改めて自分の部屋、つまり千葉の山奥にある寮の一室を見渡し、それからベッドに寝転がった。二段ベッドの下段が、与えられた小さな寝室。寮の部屋は刑務所のように小さく、殺風景だ。1年生は二段ベッドが2つ並ぶ4人部屋。2年生になると2人部屋、3年生で1人部屋となる。ちなみに同じ敷地にある中学生用の寮は驚きの40人部屋なので、それに比べればまだ贅沢だ。

俺はベッドに寝転がり、そして上段のベッドの裏、まっ平らで真っ黒な板を見つめた。今日は同室の生徒がいない。今しかない。

「いるんだろ、そこに？」

俺はオマエだよ、というキングの言葉と、胸を叩かれた時の感覚で、俺には確信があった。キングは、俺の一番ピュアな本音の部分なのだ。つまり、今までキングが出現して喋ってくれたことは、全て俺と俺との会話だったわけだ。そりゃ俺が1人でブツブツ言ったり、自分で自分を叩いてたりしたら、まわりはポカンとするわな。

その事実に気づいてからは、ずっとキングは出てこなかった。キングが出るってことは、自分の本音に背中を向けているってことだ。だから100%でなくても、なるべく自分の本音のままで生きるようにしてきた。

でも今回は今までと少し違う。

本音と本音に挟まれているのだ。いうなれば2人キングがいる状態。俺はなんとなく、上段のベッドと、それから俺の勉強机とに、それぞれのキングがいる気がしていた。2つの本音、2人のキング。

俺の中の俺ならば、声をかけたら出てくるはずだ。だから初めて、自分からキングに声をかけたのに、いくら待っても返事はなかった。

思ってたのと違うぞ、と部屋を見回した。やはりいない。

見限られた？

俺は慌てて起き上がると、まさかと思い、2段ベッドの上を覗いた。

キングは、俺の方に背中を向け、寝そべったまま漫画を読んでいた。当時の俺の愛読書、『SLAM DUNK』だった。三井先輩の名台詞のページだ。キング、ちょっと目が潤んでないか？と思ったがどんなツッコミが返ってくるかわからないので言うのはやめておいた。

「いるんなら返事してくれてもいいだろ？」

俺は拗ねるように言った。

キングは振り向きもしない。やっぱり泣いているのか？　と思ったが、その声は三井先輩よりもクールだった。

「話しかけてくんなよ。別に俺はオマエの先生じゃねえし、親でもねえ。いい大学行きたい？知らねーよ。それは俺の担当じゃない。受験勉強なんてやってられっかよ。そんなもんはいい子ちゃんのオマエが我慢汁を目から垂れ流しながらやりゃいいだろ。まったく興味ねぇ」

妙に納得がいってしまった。

確かに、いい大学に入った上で「学歴なんて関係ねぇ」とカッコつけたいとは思っていた。しかし、俺には勉強する習慣もなければ、机に向かうのも大嫌いだ。つまり俺の本音は、大学に行きたかろうが何だろうが、大前提として勉強なんかしたくない、ということだ。

聞く相手を間違えた。

しかし今相談できるのはキングだけなのだ。俺は再び、キングが振り返ってくれるのを待った。キングはただ、大きな屁をこいただけだった。

何を食べたらこんな臭いになるのだろうか。

俺は臭いの件を一旦脇におき、少し考え、再びキングの背中に語りかけた。

「キング。アンタは俺を無視してもいい。でも、その逆はない。俺は、アンタが振り向いてくれるまでやらないとダメだ。アンタを無視して俺が何かやるってことは、どこかで本音に嘘つきながらやるってことだもんな。そんなんで結果が出ても嬉しくないし」

「ま、出ないわな、結果」


キングはほんのちょっとだけこっちを見た。目尻には涙ではなく目ヤニがついていた。あの名場面で寝ていたのか?

「身のほど、わかってきたじゃねーか。俺を無視したら、どんなに努力しても、俺がオマエの足を引っ張ることになる。だから結果なんて出るわけがない。本音を無視して勉強している受験生のほとんどは、嫌だ嫌だと思いながら3年間の高校生活を勉強に費やして、そのあげく、受験も失敗するんだよ。そして不本意な大学にいったり、浪人して自分に嘘をつき続ける時間を引き延ばしたりするんだ。俺を無視するってことは、そういうことだ。気づいただけでもヨシとするか。んじゃ、おやすみ」

キングはさっきよりもでかい屁をこき、また反対側を向いた。

やっぱり寝てたのか！　んでさっきより臭い！　音と臭いは反比例するんじゃなかったのか！　いや今そんなこと考えてる余裕はない！

今までは、俺がネガティブになると勝手に現れてくれたキング。初めて自分から呼んだのに、こうやって背中を向けられ突き放され放屁されている。なんだこの虚しさは。かつてないダメージが俺を襲った。ベッドサイドを摑んだ手の力が抜けて、上段から落ちそうになった。相談しようと思っただけなのに、思わず弱音が漏れた。

「でもさ」

それを口にした瞬間、俺は吹っ飛んだ。

キングの振り向きざま裏拳。

会うたびに、確実に格闘スキルが上がっている。

上段のベッドに上半身を預けていた俺は宙を舞い、背中から床に落ちた。俺は蛙がひっくり返ったような格好のまま動けない。キングは俺を見下ろした。こうして見下ろされるのは何度目だろうか。眠そうだったキングの目が、閻魔様のようにカッと開いている。キングはホワイトヘアードデビルだったのか。


「でもさ？　でも、なんだよ？　言い訳してえのか？　ダッセー言葉俺に聞かせるんじゃねーよバカ野郎！　バカで気弱でバカでカッコつけでバカなオマエには、親の目、学校での立場、色々あるかもしれねぇ。で、そんなの、なんの理由になる？　そんな言い訳してどうする？　それを聞いて俺が喜ぶとでも思うのか⁉　今まで何度も話し合ったのはなんだったんだ？　全部無駄か？　いつまでも甘えてんじゃねえ‼」


キングは俺に漫画を投げつけた。

安西先生の名台詞、「諦めたら〜」が俺の顔に叩きつけられた。

キングは大きな息を吐いた。

怒りに歪んだ顔から力が抜けた。目に宿る強い力も、その色さえも薄れてきた。これまで嫌なヤツだと思いながらも、どこかで味方だと思っていたキング。しかし今、俺を見下ろす目は冷たい。俺のことを諦めそうだ、と感じた。キングが諦めたら終わりだ。試合終了だ！　いや試合じゃない！　俺の本音が死んでしまう！

「待ってくれ！　明日！　明日までに俺はアンタを動かす！　キング、アンタが勉強嫌いなのはわかった。わかった上で、アンタに納得してもらう！　俺がアンタを説得する！　俺がアンタに俺の我がままを貫き通す！　だから、1日だけ待ってくれ！」

俺は必死で、キングに向かって言葉を投げた。

少しずつ、キングの透明度が増していく。

「アンタアンタ、うるせーなぁ」

キングの声も、あの自信に溢れた声ではなく、困惑と優しさが入り混じった、掠れた声になっていた。俺の胸がザワザワする。このままだとキングがいなくなる。これはマジでヤバいやつだ。

「待ってくれよ！」

必死な俺をなだめるように、しょうがねえなあ、という顔でキングは言葉をかけてくれた。

「わかった、待つよ。24時間きっかり。それ以上は無理だ。

明日、俺がワクワクするような提案を、必ずしろよ。今までは俺がオマエを奮い立たせた。

今回、オマエが俺をのせてみろ。俺を納得させて行動させれば、それが『スイッチ』を入れるってことだ」

スイッチ？　なんの？


「入ればわかる。……世界が変わるから」


そう言って、キングは消えていった。

なんだか部屋がやたら広く感じた。

俺は寝ずに考えた。

キングと話したのが夜の12時。俺に残されたのは24時間。明日の夜12時がタイムリミット。

これほど一分一秒が惜しいと思うこともない。


学校には仮病を伝え、机に座って考えこみ、煮詰まったらとりあえず腕立て伏せをして汗をかいた。キングが納得するような、いや、納得以上の、ワクワクさせるような提案は何か。勉強が大嫌いなキングが納得するようなこと……。


腕立て伏せの回数が２００を超えた。

疲れ果てて頭の中がシンプルになってくる。


お？

なんだか無駄な選択肢が減っている気がした。

そうか、まず自分の中をシンプルにしよう。余計な思考を全てとっぱらって、一番シンプルな自分がどうしたいかを考えるんだ。

一番シンプルな自分とは？

自信過剰。自分を天才だと思っている。やればできる男だし、その限界はないと信じている。そして、遊びや誘惑にメチャメチャ弱い。嫌なものは嫌だが、おだてられるとのせられやすく、なんでもやってしまう。なるほど。ちょっとしたバカだ。でもこれが俺の素直。キングだ。体面を若干気にして、親の言うことを気にして、面倒でも試験を受けて、諦めがちで、言い訳して、すぐに弱音を吐く。これが残りカス、つまり今の俺だ。

カスの視点はまとめて捨てる。キングの視点になって考えよう。まず、やらなければいけないことを明確にしてみる。地道にたくさん勉強する、ということではなく、実際何時間勉強すればいいのかを具体的に考える。

いい学歴、つまりレベルが高い、と言われるような大学に合格するようなヤツらの集中して勉強する時間が、1日平均7時間だったとして、年間で2555時間。高校3年間で、7665時間分の勉強をすることになる。よし。まず俺がサボった中学生の分は忘れよう。高校の勉強をしていたら中学生の分は自然に身につくと信じておく。とにかく、この7665時間をどうするかを考えよう。

腕立て伏せの回数が400回を超えた。さすがにキツい。早く終えたい、やめたい、という気持ちが頭をかすめた瞬間にひらめいた。

半年で全部終わらせる、というプランでどうだ！

高校1年生は残り半年。この間に受験に必要な全てをマスターする。イケる、という自信がついたところで、あとは遊びまくる。渋谷を拠点に、夢の東京青春ハイスクールライフを死ぬ気でエンジョイする。2年間遊ぶための半年間の努力。これならキングもOKしそうだ！

7665時間の勉強を半年で。つまり、1日当たりの勉強時間は約42時間。あっさり24時間を超えている……。

とりあえず半年間、1日8時間の勉強を続けてみるとする。1460時間だ。まったく足りない。なぜだ！　なにが起こっているんだ！

腕立て伏せが500回を超え（心の中の高速カウントで）、俺は力尽きた。

そういえば筋トレって回数じゃないとか言うよな。

一回一回を大切に……。

これだ！

常人、いや一流大学に入学するような人間たちの5倍、集中する。

すると、なんということでしょう。毎日8時間として、半年で1460時間。そしてその5倍は、7300時間じゃないか！　少し足りない400時間相当は、才能とひらめきでカバーできるということにしよう。

1日8時間勉強しているヤツはザラにいるが、5倍の集中力でやっているヤツはいないだろう。自分自身の才能とひらめきは俺もキングも信じている。400時間が足りないくらいで文句はないだろう。なにより、半年だけ頑張れば残りの2年間は死ぬほど遊べる、というのは魅力的に聞こえるはずだ。

時計を見た。時刻は夜の11時50分を回っていた。ギリギリセーフ！

俺はおもいっきり勢いをつけて、背面跳びで上段のベッドに飛び乗った。ケツをしたたかに打ったがなんとか乗れた。

キングはあぐらをかいて座っていた。腕立て伏せにより汗だくの上、自分のアイディアに興奮している俺を見つめている。24時間前に存在ごと薄れていたとは思えない、強い表情。俺が何も言わなくても、キングは全て知っていた。

「やれんのか?」

静かに聞いた。

俺は頷いた。

「どうやって人の5倍集中する?」

「それが取引だ」

俺は用意していた言葉で提案した。

「キングにとっての価値は青春を遊び倒すこと。でもこのままじゃ全てが中途半端だ。集中する方法を教えてくれれば、半年後からはアンタの時間。何したっていい。先生にどんなに怒られようが、朝帰りでもなんでも、遊び尽くしたらいい。

だから俺に教えてくれ。アンタ、天才だろ? 今ここにいるこのカスに、その背中を見せてくれ。アンタの後ろを歩かせてくれ。いや、ダッシュさせてくれ!」

長い沈黙だった。

おべっかを使っておだてれば、キングは簡単にのったかもしれない。でも俺にそんなつもりはなかった。本気の言葉だ。こいつは絶対にスゴいヤツなんだ。俺の気持ちに、言葉に、嘘はひとつもなかった。

ゆっくりとキングは頷いた。

「わかった。今回はのってやる」

その瞬間、俺は全身の毛穴が開き、産毛を含めた体中の毛の一本一本がざわっと揺れたのを感じた。これがキングの覚悟か。強い覚悟は人を動かす。世界が変わる。スゲー半年間になる。そんな予感がした。

第6章　超集中、俺だけの世界

「いいか、これは背水の陣だ。俺がのったにもかかわらずオマエが挫折でもしようものなら、オマエは終わりだ。心の底からそうしたいと思って本気でやったけどできなかった、いや、やらなかったという、チンカス以下の男になるってことだ。努力が大切だ、過程が大事だ、なんて言っても、結局は一流大学にいける器じゃない、ってことが証明されるだけだ。合格か不合格、結果はどちらか、ひとつしかない。不合格なら一生、バカなチンカス。そして俺は永遠に現れない。それでいいな？」

キングは自分が消えるかもしれないというのに、アツく語ってくれた。

「わかった」

俺も、全身全霊で覚悟を伝えた。

「よし、机に向かえ」

キングが言った。俺はもう引き返さないという強い気持ちでベッドから降り、椅子に座った。

「参考書を開け」

「え？」

「参考書だよ、参考書」

「……まだ買ってない」

「ハア？」

「いやだって勉強するって決めたの昨日だし、買う暇なんてなかっただろ？　こっちは必死だったんだよ！」

「……逆ギレしてないか？」

「教えてくれるって言ったろ？　男の約束！」

「じゃあ今すぐ参考書買って来い！　高校3年間分と、スゲー大学に入るのに必要なもん全部だ！」

「深夜12時だぜ！　どこもやってねーよ！」

「じゃあ寝ろ！」

「わかったよ！　寝てやんよ！」

ヘトヘトになった俺は昼まで爆睡し、キングにジャンピングニードロップで起こされた。

次の日、俺は本屋に行き、全財産をはたいて、買えるだけの教材を全て購入した。大人１人分ぐらいの重さの本を、二宮金次郎が背負っていた薪みたいに背負い、台車も買っておけばよかったと後悔しながら、フラッフラの足取りで帰寮した。

購入した参考書やドリル、それらを机の脇に積み、まず適当に5冊ほどとって机に置き、さらにはシャーペンを3本、消しゴムも3つ、それに赤ペンを2本。その他の文房具も色々と並べ、全部すぐ使い切るぜ、とやる気をアピールしながら椅子に座った。

キングは何も言わずに机の上のものを全てなぎ払った。

「え――!?」

キングの表情は固いままだ。どうやら冗談でもなんでもないようだ。

「机の上にはできるだけ何も置くな。最低限でいい。1本のペンと1つの消しゴム。どうしても置かないといけないものだけだ。置いたものは全部、配置とその向きを同じにしろ。毎回だ。目に入るものを常に同じにしておけ。バラバラに置くたびに雑念が発生する。違和感をなくせ。習慣をつくれ」

「……オッケ」

いつもは家族のような雰囲気のキングから、並々ならぬ緊張感が漂っている。父親が本気で怒っている時のようだ。俺も無駄口を叩かない。時計の針の音、ツバを飲み込む音がやたらに大きく感じた。

「緊張感。これが大事だ。たかだか暗記ものでも、忘れたら死ぬ、と思い込め」

「……忘れたら、死ぬ」

父親に怒られるようなレベルではない。

「オマエが求めているのは生半可なことじゃない。

5倍の集中力と簡単に言うが、ライバルが15回書いて覚える漢字や英単語を、オマエは3回書いて覚えるってことだ。だからこそ、一回一回を大切にしろ。

1回目で、書いていることを把握する。

2回目で覚える。

3回目はもうあとがないと思って刻みこむ。

ルールを緩めて4回やったらアウトだ。

例外はない。練習もない。全て、1回だけの本番だ」


胃がキュウッと縮こまる。冷や汗が首筋を伝った。失敗は絶対にできない、という緊張感。でも退けない。退かない。やるしかない。

俺はシャーペン1本と消しゴム1つ、そして1冊の参考書を机の上に置き、丁寧にそれぞれの場所を決めた。

受験勉強が終わるまで、俺はこの配置を守り続けた。

「よし。じゃあ、その世界の入り方を教える」

ん？　その世界⁇　どの世界だ？

もしかしてここは現実じゃないのか？

「ここは現実だ。俺も、オマエも、現実」

キングは俺の両肩に手を乗せ、そして耳元で囁くように言った。まるでそれが、この世界のトップシークレットかのように。

「これからオマエは、オマエだけの世界をつくる。

音も雑念もない、深海のような世界。

オマエはそこに潜りこむんだ。

呼吸はするな。忘れろ。空腹、暑さ寒さ、現実世界でオマエに関与することは全て置き去って潜れ。そんなことは現実のオマエが勝手にやってくれる。オマエが潜るのは現実世界じゃない。オマエだけの、特別な世界。誰にも、何にも邪魔されない世界だ。そこでオマエは、息もせず、潜水でどこまでも泳ぐトップスイマーのように、一気に泳ぎ切る。理解したか？」

「……俺だけの世界」

「そうだ。教科書に、問題に、潜りこむような感覚。問題の文字を一字一句正確に読み取り、記憶し、理解し、そして次に進んでいく。止めた息が続くまで延々泳げ。最初は短い時間かもしれない。しかし続ければどんどん長くなる。いや、長くならなきゃ間に合わない。8時間ぶっ通しで泳げると信じろ」

キングの言っている「世界」の感覚がなんなのか。いつもはナゾナゾのようなキングの言葉も、今回は知っている気がした。チロエ島を放浪している中で感じたあの感覚かもしれない。街灯などなかったあの島で、なんとか日が暮れる前に次の村にたどり着かねばと必死だった時。水筒は空っぽ、空腹はマックス、疲労困憊。さらに果てしなく続く道の先には蜃気楼しか見えない状況。それでも無我夢中で先に進んでいると、次第に肉体が勝手に動き始め、肉体を置き去って精神が自転車のペダルを漕いでいるような感覚。きっとアレだ。「伝説への旅」は、無駄じゃなかった。

俺はキングを見上げた。

キングは俺の目線の先にいた。俺の言いたいことがわかってくれているかのように、俺と同じ目線で喋っていた。見下されてない。それが単純に嬉しかった。

「儀式を決めよう」

「え？」

「その深海に潜るための、その世界に入るための儀式だ。まず、心を無にする。……黙禱がいい。黙禱を1分。その間に雑念を全て振り払え」

「……うん」

「そして、深呼吸を1回だけして、目を開けろ。その瞬間から、オマエはその世界にいる。文字や数字や図形や言葉や出題者の思考に潜りこむんだ。あとは泳げ。泳ぎ続けろ。泳ぎ切るまで、帰ってくるな。自分を許すなよ。失敗はできないぞ。それは死だからな。……覚悟はいいか？」

俺の答えは決まっていたし、キングも俺の返事を待っていなかった。すぐに俺は目をつむり、黙禱した。雑念のない世界へ、ダイブするために。

キングの言っていた「その世界」は、本当に存在していた。

初めは苦しくてもがくこともあった。失敗すれば終わりだという緊張感から吐きそうにもなった。しかしひとたびその世界に潜ると、全てが変わった。その世界の温度と俺の体温とが等しいかのように、そこでは暑さも寒さも感じない。時計の針がスローモーションで動くのを横目に見ながら、音も匂いもない世界で、いくつもの問題を解いていけるようになった。

買い込んだ教材が足りなくなるほどの、自分でも驚くペース。もちろん、気を抜けば溺れ死ぬという不安もあった。でもそんなことを忘れるほど、俺だけの、深海のような「その世界」は、自由で、どこか心地よくもあった。

俺は半年間で受験勉強を終えた。

驚くほどの結果を伴って。

高校編入当時、底辺を下に突き抜けていた俺の学力は、日本全国数十万人の高校生たちが受ける全国統一模試で100位以内に入り、名前がランキングに載るほどまでに上がった。三大予備校と呼ばれる有名進学塾から、特待生として迎えたい、という打診もあった。どの受講コースでも年間通して無料で受けられるというオプション付きで。

もちろん、進学塾になんて行かなかった。

俺はキングとの固い約束を守ったのだ。

俺は高校3年間分の勉強を終えたあと、あっさりと全てをやめ、参考書もキレイさっぱり捨てた。そして残り2年間の高校生活をバラ色にすべく、人生かけて本気で遊び倒すべく、まずは渋谷の街へと繰り出すことを決めた。

「しばらく戻りません」という置き手紙を寮に残し、日本一前向きな登校拒否をした。

第7章 で、俺は何者なんだ？

受験勉強を終えた俺は、キングとの約束を守り通した。全寮制の寮には戻らず実家から渋谷に通いだし、全力で高校生活を謳歌した。

学校では禁止されていたが、まずバイトを始めた。

渋谷センター街入り口に今もある、渋谷では老舗中の老舗のアクセサリー屋だ。シフトをパンパンにいれ、月に約30万円を稼いだ。当時の自分にとっては大金だったが、稼いだお金は日々の遊びに全て消えていった。中学時代、「伝説への旅」で覚えたはずのお金の大切さを、俺は頭の中から完全にデリートし、遊んだ分だけ稼ぎ、稼いだ分だけ遊んだ。

一時帰国で圧倒された渋谷。あの頃はまだ渋谷という街のさわり程度しか知らなかったが、実際に通ってみると、思っていたよりもずっとスリリングで、最高に魅力的だった。

刺激しかない日々。

時効だと思うので書くが、当時未成年の俺は、バーからクラブ、クラブからバーと、バターになるまでグルグルとループし、チリで洗礼を浴びていた酒を、文字通り浴びるように飲みまくった。そんな日々の中、色んなヤツらと出会った。

渋谷を通過するヤツら。

センター街にたむろしている、準住人のヤツら。

実際渋谷に住んでいるようなリッチなヤツら。

炭のように黒いガングロ女子高生。

とりあえず手が出る、強さが正義のチーマー。

何かの宗教のようにパラパラを踊り続けるギャル男。

常に肉まんよりでかいヘッドホンを装着しているクラブＤＪ。

相変わらずヤバいモノを売りつけてくる外国人たち。

毎日のように誰かと語り合い、飲み、時には派手な喧嘩もした。まるですれ違う全てのヤツらとハイタッチしていくように、数え切れないほどの人間たちと関わりあった。若者の坩堝《るつぼ》のような渋谷で、俺の横を通り過ぎる色んなヤツら。俺はいつも笑顔でその背中を見送る。

もしアイツらが振り返ったら。アイツらの目に俺はどう映っているのだろうか。

アレ？

ふと疑問が浮かぶ。

「で、俺は何者なんだ？」

見た目は普通の高校生。

いやいや、俺は普通じゃないはずだ。

目立ちたがり屋で我がままを貫き通す、オンリーワンの存在のはず。

皆、俺に注目してくれ！　俺は俺だぞ！　と心の中で叫ぶ。実際に声に出して叫んでみる。

しかしいつしか俺は渋谷の雑踏の中、なぜだか1人とり残されたような気持ちを味わうようになっていった。俺には、俺であることを表現する手段がないことに気づいたのだ。

憧れの場所、渋谷。
どれだけ遊んでもいい、という夢のような時間。
不満などひとつもないはずなのに、いくら飲んでも、バカ騒ぎしても、発散できない苛立ちが俺の中に積もっていく。行き場のない気持ちを抱えながら、それでも渋谷に通い続けたある日、バイト先で流れていた有線から聞こえてきた音楽、THE BLUE HEARTSの歌に、俺は初めて出会った。

特集でもしていたのか、次々と流れてくるTHE BLUE HEARTSの名曲たち。その音楽に、歌声に、歌詞に、俺は仕事の手を完全に止めて聴き惚れた。

手にしたモノを　よく見てみれば　望んだモノと　全然違う
しがみつく程　価値もない　そんなモノなら　いらないよ
（スクラップ／THE　BLUE　HEARTS）

生きるという事に　命をかけてみたい
歴史が始まる前　人はケダモノだった
（世界のまん中／THE　BLUE　HEARTS）

色んな事をあきらめて　言い訳ばっかりうまくなり
責任逃れで笑ってりゃ　自由はどんどん遠ざかる
（ラインを越えて／THE　BLUE　HEARTS）

そして俺は、かの有名なこの曲、この歌詞がフィニッシュブローとなり、完全にノックアウトされた。

ドブネズミみたいに美しくなりたい
（リンダ リンダ／THE　BLUE　HEARTS）

俺は、強く激しく魂を掴まれた。
行き場のない、言いようのない、それこそリアルドブネズミだらけの渋谷で感じていた、俺自身の魂の叫びを、彼らは彼らの魂で代弁してくれている気がした。バイト中にもかかわらず、俺は嬉しくて、興奮して、感謝の気持ちが溢れて、まぜこぜの心はただただアツくなり、なぜか涙が零れた。

音楽ってスゲー。こんな一瞬で、こんなにも心を揺さぶるんだ。

それから俺は、音楽にどっぷりと浸るようになった。流行の曲、古い曲、海外の曲。手当たり次第に聴きまくった。THE BLUE HEARTSのおかげで心のままに聞くようになったからか、それまではなんとなく聞き流してきた曲さえも、その一曲一曲が、俺だけに語りかけてくれているように思えた。なぜ学校ではこんなにスゲーものを教えてくれなかったのか。

これこそが、俺が求めていた「表現」だった。電波に乗れば世界の誰にでも届く、音楽。俺も「表現」する側にいきたい。音楽にのせて自分の胸のうちをさらけ出し、「俺はここにいる！」

と叫びたい。

俺は、遊びを控えその時間をバイトに費やし、食事は主に人の飯を食べる、という節約術も駆使して貯金をしまくった。

そして楽器屋へ行き、

「これで買える一番いいヤツください！」

握りしめた数十万円を店員に叩きつけた。

いや、封筒をそっと手渡した。


店員が選んでくれたのは当時最高級だったシンセサイザー。

これが俺の新しい相棒であり、俺の魂のマイクになる。あんなにヒョロヒョロの小室哲哉ってヤツだって音楽をつくっている。じゃあ俺にできないはずがない。少なくとも腕相撲なら絶対に勝てる。そんなことを考えていたら店員の説明は終わっていた。


配送しましょうか、と提案されたのを断り、

「俺、腕相撲には自信ありますから！」

と謎の答えを返すと、俺は自分の身長ほどもあるシンセサイザーの箱を抱え、意気揚々と千葉の山奥へと向かう電車に乗った。音楽活動に集中すべく、しばらく帰っていなかった高校の寮に戻ることにしたのだ。

都心の、灰色でデコボコの風景が、だんだんと緑色となり、平たくなっていく。やりたいことを見つけ、「表現」する側の人間になる、そう決意を固めた俺には、あれほど固執した渋谷を離れ、正反対の田舎に向かっていることも、まるで見知らぬ世界に突入していくかのように、楽しみでしかたがなかった。

音楽は、どこでもできる。もちろん「表現」は、誰にでもできるわけじゃないのかもしれない。作曲はもちろんしようと思ったこともないし、楽譜も読めなければ知識もない。しかし、これまでと同じ、根拠のない自信はあった。そしてこれから始まる音楽との生活への期待は、抱えきれないほどにあるのだ。俺は新しい「どこでもドア」となるであろうシンセサイザーを、大切な相棒のように、抱きしめ続けていた。外箱がボコボコにへコんでいることにも気づかずに。

高校の寮に戻った俺は、部屋の鍵を閉めた。作曲ができるようになるまで、この部屋を出ない。そう覚悟を決め、俺の作曲活動がスタートした。まず、シンセサイザーを机に設置する。机の両端から完全にはみ出したが気にしない。

さてと。どうやって才能を爆発させようかな。


ちなみに俺はピアニカすら上手く弾けない。音符の読み方も知らない。知っている曲は一曲だけ。昔、ピアノが上手な姉に教わった曲。

それが、「猫ふんじゃった」だった。


俺は初めてパソコンを触るジジイのような手つきでひとつずつの音を探りながら、「猫ふんじゃった」、を弾き終えた。

「……天才かもしれない」

自分の才能が恐ろしかった。

俺は「猫ふんじゃった」をひたすらに弾き続けた。いい加減手が動かなくなり、一休みして、はたと気づく。

「あ、俺、作曲したいんだった！」

しかし俺の武器は今のところ、「猫ふんじゃった」だけだ。何をどう努力すれば曲ってできるのだろうか。

よし、まずは休憩だ。

俺はライバル視している小室哲哉の曲を流し、そして久しぶりの二段ベッドに寝っ転がった。俺は目をつぶり、しばらく音楽に浸った。また上のベッドからキングが声をかけてくれればいいのにな。そう思いながら、大きなため息を、ゆっくりとついた。

やはりキングは現れない。

むしろ小室哲哉の顔が浮かんでは消えて、また浮かぶ。リピートしている。いや、リピートしているのは曲だ。

……アレ？


いつのまにか、聞いている曲が違う。いや違ってはいない。

違って、聞こえるのだ。

1曲の中に混在している、ギター、ベース、ドラム、キーボード、伴奏、メロディ。そのひとつひとつがやけにくっきりと聞こえる。俺は慌てて起き上がった。

音楽は、いつもと同じように流れている。


夢？

違う、とすぐに気がついた。


俺は自然に「あの世界」に入っていたのだ。目をつむって心を空っぽにしたまま音楽を聞いている時間が黙禱となり、キングに思いを馳せてついたため息が、深呼吸となっていたのだ。

習慣にしていた机の上の配置はなく、寝っ転がっていただけなのに。

半年間、この部屋で毎日のように入っていたあの世界。

よし。やるべきことが見えた。

俺は再び、潜った。あの深海のような世界。羊水の中にでも潜ったかのように、懐かしく、心地よい。渋谷にいる間はすっかり忘れていたその場所で、俺は音の海を存分に泳いだ。何百回も、何千回も音楽を繰り返し、その中で泳ぎ続けた。

それぞれの楽器の音がどんどんクリアになる。ひとつひとつの音の粒までも、触っているかのように、明確に感じるようになっていく。

それぞれの楽器特有の音の響きと、音そのものが組み合って新しい音になる。メロディになる。俺は音楽の構造を、感覚的に理解していった。構造がわかれば、あとは自分のつくりたいようにやればいい。

俺はキーボードに向かい、曲をつくりだした。

ドラム、ベース、メロディ、伴奏。
ひとつずつ順番に音を探し当て、曲を構成していく。コードも音符もわからないままだが、音が次第に複雑に絡み合い、自分の音楽になっていく。音楽だけが師であり、ライバルとなった。そして自分と音楽との一騎打ちを繰り返しながら、作曲のスキルを身につけていった。

3ヶ月がたった。俺は最低限の飯、最低限の睡眠を積み重ね、ついに1曲目を完成させた。

俺はさっそく同級生に聴いてもらった。もちろん俺がつくったとは言わずに。誰もが口をそろえて、「え、これ誰？　どこに売ってるの？」と完全にプロの作品だと思ってくれた。正直、自分でも俺はプロだと思っていた。趣味のレベルじゃない。自分が今まで聴いてきた音楽と、遜色はない。

「俺はここにいる！」と俺自身の存在を叫ぶことができるようになったのだ。
タッタターン！
北里洋平は「表現」を手に入れた！

俺は思わず呟いた。

「天才が努力をすると、こんなことになるのか。恐ろしすぎるぜ」

まるで伝説のサーファーのように、調子という波に乗りまくった俺は、ものすごいスピードで大量の曲を完成させていった。そしてその波に乗ったまま、再び渋谷にも向かった。オリジナル曲をテープに入れ、それらを肌身離さず持ち歩き、

「これ俺の曲。聴いてみて。あ、一緒に聴きにいく？」

とナンパツールとしても活用した。

勝率はここでは書かないが、天才的だった、とだけ記しておこう。

ミュージシャンとしてデビューしたい、有名になりたい、そういった欲はなかった。おもちゃをゲットした子どものように、自分が「表現」を手に入れたことで、「表現できる側」になれたことが、ヒーローになったかのように嬉しかったし、なにより楽しかった。俺は俺のために曲をつくり続けていたのだ。一番のリスナーは、俺だった。もちろん二番目は、女の子である。

残りの高校生活は、作曲活動と渋谷に捧げた。
音楽×渋谷×酒×遊び＋女の子＝天才の俺。
それが全てだった。

アレ？　と思う方もいるかもしれない。
そう、大学受験。
もちろん、受けた。
慶應義塾大学の一芸入試。別名、ＡＯ入試だ。

一芸さえあれば大学に入ることができるなんて素晴らしすぎる。
もちろん、俺の一芸は音楽。自分の曲を提出した。
天才による天才的な完全オリジナル曲により、余裕で合格。（俺個人の感想）

「大学に不合格なら一生チンカス」
キングの言葉を思い出す。

「（勉強関係なかったけど）合格したよ！」

一番に伝えたかった。

全ては、「あの世界」を教えてくれたキングのおかげなのだから。

「あの世界」はこのあとも俺を何度も助けてくれることになる。ただ、あれだけ頑張ってキングと勉強した内容は、ＡＯ受験に出題されることはなかった。そして積み重ねて詰め込んだ知識も、渋谷・音楽・女の子の三大科目でパンパンになっていた頭には、チンカスほども残ってなかった。

キングは怒るだろうか。

いや、オマエらしいじゃねえかと、笑ってくれる気しかしなかった。

第8章 楽しさも厳しさも、路上が教えてくれる

音楽のおかげで大学生となった俺は、慶應大学湘南キャンパスにほど近い、ゆったり8畳、間取りは1Kのアパートで1人暮らしをスタートさせた。1人で住むには充分な広さ。初めての1人暮らし。高校時代の寮とはまったく違う解放感。

俺の「甘ちゃんで坊ちゃんな大学生ライフ」が始まった。

ちなみに合格祝いは新車のミニ・クーパー。学費は全額両親が負担。そして生活費としての仕送りが月15万。苦学生が聞いたら卒倒しそうな、恵まれすぎた状況だ。バイトをしていた高校生の頃のほうが、よっぽど働いていた。

大学生の俺はバイトもせず、生活費も全て遊びにつぎ込み、結果家賃さえ滞納する始末。保証人である親のところに連絡がいき、文句を言いながらも家賃を払ってくれる両親。

そう、坊ちゃんは甘やかされていたのだ。

両親としては、多少お金がかかったとしても、大学でしっかり学べばそれでいい、そう思っていたのかもしれない。しかし俺は講義の内容にだんだんと興味を失い、授業もサボるようになっていった。2年生になる頃にはキャンパス内にいることはまれで、ちょっと学食に行こうものなら、

「うわ！　今見た？　洋平発見！」

とざわめきが起こる。ツチノコのような扱いだった。

ではそのツチノコがどこにいたかというと、路上だった。大学生時代の前半を過ごした場所だ。音楽を演奏したり、何かをつくって露天商をしたり、ただひたすら喋り倒したり。俺は、自分の学び舎も遊び場も、路上に見いだしていたのだ。

大学に入ってすぐ、俺は学校も年齢も関係なく学生や社会人を集め、アーティストグループのプロジェクトを立ち上げた。何をつくってもいい。路上で販売できる「表現」を持ち寄る。アクセサリー、絵、詩。路上に置けるもの、売れるものならなんでも。それがそのプロジェクトの活動内容だった。他のメンバーに教わってアクセサリーをつくることもあったが、俺の

メインは「音楽」。路上でシンセサイザーを演奏し、カセットテープを販売した。毎日のように都内各地で活動し、活動を終えると仲間の部屋を使わせてもらいミーティング。酒を飲みながら朝までずっと議論をしていた。集まる仲間に経験豊富な社会人が多かったため、俺は、いつも朝まで様々な議論をしかけていた。自由とは何か。表現とは何か。なぜ、路上なのか。

初めて路上ライヴをしたのは新宿駅のスタジオアルタ前。スピーカー、シンセサイザー、スタンドマイクをセットし、爆音で自分の曲を演奏した。路上は、毎日、毎時間、違う人が通る。二度と同じことは起こらない。イイな、と思ってもらえれば通行人の足は止まる。そうじゃなければ無視される。ダイレクトに反応を感じられるスリリングさは、いつも俺を高揚させた。

立ち止まって曲を聴いてほしい俺VS邪魔されずそこを通り日常を過ごしたい通行人との戦い。

音楽だけが武器だった。昨日と今日、今日と明日、全部が違う日。路上というワイルドな土俵では驚くほど今までのスキルが通用しないことがあった。ただその代わりに、毎日、違う人との出会いがあった。1人で部屋の中で弾いていた頃とは違う、「伝える」という「表現」の核の部分を感じながら、大学なんてそっちのけで路上ライヴに没頭した。その頃につくっていたテープが、俺の人生の伴侶との「ミラクルな出会い」に繋がるのだが、それはまた後ほど。

路上にいる時間以外は、ひたすら遊んだ。ガッツリ仕送りをもらっていたにもかかわらず、気づけば常に金がなかった。ポケットに穴が開いているんじゃないかと何度も見直すのだが、ゴミが入っていることはあっても穴は空いていなかった。

遊ぶ金欲しさ、というよりも、遊ぶ以前の生活費さえ危うくなるような金欠状態を改善するため、20歳を少し過ぎた頃、ついに「バイト」をすることに決めた。

「知らない世界を見たい」「稼げそう」という2つの理由で、水商売を選んだ。入店した店は横浜の老舗、日本で一番古いホストクラブともいわれる、ナイトヨコハマ。横浜の夜の街では知らない人がいない、超有名店である。新宿歌舞伎町でよく見るような、いわゆる普通のホストクラブではない。

生バンドの演奏に合わせて、お客さんはホストと社交ダンスを踊るような店だ。ギャルにはハードルの高い店である。そのせいか、客層は他のホストクラブと違い、稼ぎが普通レベルのキャバ嬢なんてほとんどいなかった。女社長、大金持ちの令嬢、プロの芸者、裏家業の妻、高級店の風俗嬢。一晩で数十万、数百万ものお金を使う人たち。渋谷とは違う、驚くほどきらびやかな、夜の世界。バブルはとっくに弾けたと思っていたが、世の中にはこんな風に大金を使う人たちが大勢いることを、目の当たりにした。

誰でもそうだが、もちろん俺も新人からのスタート。

いつものように、「一番になってやる!」と気炎を吐いていた。

しかしナイトヨコハマには厳しいルールがあった。まず、上下関係。ホスト社会は縦割りのガッツリ体育会系だ。高校生の頃にはまったく気にしていなかった先輩後輩関係を、ここで嫌というほど叩き込まれた。

そして、新人は、レッドカーペットが敷かれたエントランスで常に立たされ、お客さんの案内と先輩の仕事を見て覚えるのが基本体制。ヘルプにもなかなかつけなければ、指名をもらえることもない。いきなり指名をもらってドンペリ開けてウハウハ、なんてのは夢のまた夢。「仕事」を覚えないとスタート地点にも立てない。ナイトヨコハマのウリであるダンスも覚えないと話にならない。社交ダンスのレッスンにも通わされた。

他のホストクラブよりも「経験」が必要な厳しいホストクラブであったし、お客さんもホストも比較的年齢層が高いせいか、イキッたチャラいホストが売れることもなく、若造は使いっ走り程度の扱いだった。店内ではいくら頑張ろうとしても身動きがとれない。じゃあ、キャッチしに路上に出るしかないと、俺はホームグラウンドの路上に戦いの場を移した。

しかし路上で声をかけるものの、気軽に「じゃあ行ってみようかな」と返事をするような女性は皆無だった。なぜならナイトヨコハマは、座れば3万、というレベルの高級ホストクラブなのだ。他のホストクラブのキャッチは俺の横で「初回無料でーす！」と営業している。

そりゃそっち行くよ！　気軽だよ！

しかしそんなことで負けるわけにはいかない。

俺は雨の日も風の日も、路上で声をかけ続けた。

ある日、土砂降りの雨の中、びしょ濡れのまま営業をしていると、

「なんで傘をささないの？」

と1人の風俗嬢の子が俺に興味を持ってくれた。

興味というか、同情？　捨て犬を拾う時のような哀れみが込められていた気もする。

なんにせよ、それが初めての指名だった。


「雨の日は傘をささずに捨て犬になる作戦」を皮切りに、少しずつ路上で人の足を止められるようになった。音楽で人の足を止めていた路上での経験も、少なからず役に立った。無視されようが何言われようが、インパクトのある最初の一言めで、まず足を止めてもらう。最後の方は、

「このくらいのペンギン見ませんでしたか？」

と「膝くらいの高さのペンギンを真剣に探している大作戦」で、お客を捕まえていた。笑われようがなんだろうが、路上からお客を引っ張り、少しずつ指名客を増やしていった。


ナイトヨコハマの№1は、西城さんという人だった。

ホスト業界全体でも№1との噂もある人で、ハリウッドスターのような彫りの深い端正な顔

立ち、2メートル近い長身の九州男児。圧倒的なオーラ。男気もハンパない。男の俺でも惚れぼれしてしまうほどのカリスマ性があった。
30代のホストが多いこの店で、若造ながらもめげずに頑張る俺を認めてくれた西城さんは、店のフロアを任されている、横浜連合という暴走族の元メンバーだった先輩、ヒロさんと一緒に、俺の面倒を見てくれるようになった。

この2人に俺は、夜の世界での生き方を教わった。飲み方、遊び方、女の子への接し方。高級店で働いているからこそ身についている自然なマナー。2人の先輩は常に紳士的だったが、ハメを外す時はとことん外す大バカ野郎でもあった。俺は路上ライヴに行くよりも、仕事後やオフの日に、夜はもちろん日中も、この大人たちと遊ぶようになっていった。

右も左もわからずに入った水商売の世界。
路上に続き、水商売の世界でもやっぱり俺の小手先なんて通用しなかった。でも、その時の自分では到底かなわない、スゴい人たちがたくさんいることにも、自分が想像していたよりも遥かにワイルドな世界があることにも、俺はワクワクしっぱなしだった。独学一直線の努力プラス、「本物の大人」からの実地訓練を受け、次第に結果を出していく俺。そして、ひとつ結果が出るとその10倍の結果を出したかのように鼻が伸び天狗となっていく俺。

調子乗りがビッグウエーブに乗っていた。

「今日は天気が悪いので出勤しません」

「今日は寒いんで自宅待機します」

我がまま放題言う俺に、

「じゃあ明日来いよ。待ってるぞ」

とフロアのヒロさんは優しかった。

クソ生意気で勘違いヤローだった俺。

それでも、それを認めてくれた2人の優しさに、今も感謝している。

西城さんやヒロさんとは、今でも飲みに行くし、今でも足を向けて寝られない。

ただ、寝る時にナイトヨコハマがどっちにあるかを考えたことはない。

第8章　楽しさも厳しさも、路上が教えてくれる

第9章　放浪

水商売の世界で、学生の割にはそれなりにお金を稼ぐようになった。目の前では常に札束が飛び交うような世界にいると、今度はお金のない状況を味わいたくなる。とことん飽き性で挑戦フェチの俺は、まとまった貯金ができたところでナイトヨコハマを辞め、「行ったことないしな」という安易な理由で東南アジアの放浪を決めた。

まずはインドに飛んでみた。

インドについてすぐ、地理感を摑もうと世界地図を眺めた俺は、すごいことに気がついてしまった。

「……インドって横幅2センチしかないぞ。これ横断できるんじゃない？」

そう思って車で横断に挑戦。

車はボロボロになり、俺は水にやられ腹を下し続け、そして2センチイコール永遠のような距離にトドメをさされた。

世界地図がB5サイズだったことと、世の中には日本地図とは違う縮尺というものがあることを今ひとつ把握していなかった自分のイタさと、インドの広さとを、文字通り痛感することになった。根性だけで乗り切ったが、もう二度とやりたくないほどに疲弊した。


「インドは広すぎる。タイくらいがいいんじゃないか？」

とりあえずタイに到着し、横断しようかどうしようかと考えていた矢先、初めて観戦したムエタイに感化され、直談判の末お金の力を使って参戦。外から見ていたら「勝てるかも？」と思っていたが顔の形が変わるほどボコボコにされた。

1年後、ふと「勝てそう」な気がしてリベンジにいったが、前よりもボコボコになった。プロのムエタイ選手には勝てないことがわかった。

マカオではカジノを体験。

初体験はケツの毛さえもむしり取られるほどのオケラになった。しかし、ムエタイでは実力で負けたとしても、ギャンブルは運である。

「負けたってことは次勝つでしょ」

安易な考えで再びマカオへ。そしてギャンブラー洋平は大勝ち。ギャンブルの金はあぶく銭だ。派手に使おう！　とヘリコプターをチャーター。高校の同級生で相棒の次郎と一緒に、マカオの100万ドルの夜景をヘリコプターから見下ろした。興奮して、

「101万ドルの夜景にしてやる！」

と開くはずのないドアを無理やりこじ開け、1万ドルをばら撒こうとしたら、しこたま操縦士に怒られた。

当然、帰国する頃にはスッカラカンに。ポケットじゃなくて財布に穴が開いているんじゃないかと何度も確認したが、どうやらそういうことでもないようだった。

海外のどこに行っても、俺は路上に出た。店やホテルで潰す暇はなかった。そこらへんを歩いている人。露天商。たむろしている若者。色んな人やコトと出会い、別れ、喋り、恋に落ち、喧嘩に巻き込まれたりもした。人との縁も、それぞれの国の文化も、路上にあったと思ってい

る。大学では学べない、大切なことがたくさんあった。

今思えば、海外を放浪するのにこれだけハマったのは、異国の地で友だちをつくり、無茶な挑戦を繰り返すことで、自分なりのナワバリを広げたかっただけなのかもしれない。

全てを捨てて路上生活者、にはなれないが、今でもよく路上に出る。あの頃とはすっかり変わった渋谷を拠点に生活も仕事もしている。

スリリングさは薄れ、新しい発見は少なくなってしまった渋谷だが、それでも俺は渋谷の路上に刺激をもらっている。


遊びほうけた大学生活だったが、ちゃんと卒業はした。親のお金でありがたく行かせてもらった大学だ。俺はきっちり4年間で単位を取りきった。もちろん代返など、めったに大学に行かない割に培っていた人間関係をフル活用したのも卒業できた理由のひとつだが、もうひとつはそろそろ誰もがお気づきの通り、天才だからだ。小さい頃から変わらない天性の要領の良さ。ドーピングしまくるように乱用した「5倍の集中力」。出席には身代わりを立てたが、テストには身代わりを立てずにクリアした。単位を落とすこともなかった。9割が遊び、1割勉強、全てを人生の学びとして、フルに学生生活をエンジョイした。

学生生活終了間際、もちろん寂しさはあった。坊ちゃん生活もそろそろ卒業だ。22年間、我がまま放題生きて、ワルあがきし続け、たくさんの冒険を経験した。

しかしその過去を振り返り懐かしむよりも、俺は未来へ向かって興奮していた。たった22年でこれだけの楽しい人生を送ってきたんだ。これからはもっとすごくなる。

「社会」という荒波を目前に、葉っぱのついた小枝を咥えた俺は堤防に片足を乗せ、海に向かって学生服を脱ぎ捨てた。

「あーばよぉー、まーたなぁー」

もちろん、学生生活に「また」はないわけだが。

第9章　放浪

第10章 会社が変われば、社会が、日本が、アジアが、世界が変わる

大学4年生。見渡せば誰もが就職活動を熱心にやっていた。就職超氷河期と言われていたこの頃、早い人は大学3年生からインターンやOB訪問をスタートし、就職活動に備えていた。かなり出遅れはしたが、俺も就職活動をスタート。俺は、サラリーマンになることを決めていたのだ。

ネクタイなんか締めたくねえ！

そんなことを言いそうなイメージが俺にはありそうだが、実のところ、そんなことはない。

旅人やミュージシャン、どこか自由なイメージのある人たちから、サラリーマンをハナからバカにする発言をよく耳にする。旅人でもミュージシャンでもある俺だが、声を大にしてこう

言いたい。

「日本のサラリーマンって、カッコいいだろ！」

父親、という、ゲロカッコいい最強サラリーマンを身近に見ていた俺は、サラリーマン、という言葉に偏見はなかった。それに日本という国があまり知られていない南米でも、SONYやTOYOTAは一流のブランドだった。たくさんの製品に刻印された、MADE IN JAPANという言葉は、ガキの俺には輝いて見えていたのだ。

正直、就職すると思って生きてきたわけではない。大学受験を決めたあたりで、「どうせ乗るなら、いい大学という、カッコいい船がいいな」

そう考えるようになっていた。その延長線上に、大きな会社、というさらにデカい船が見えたのだ。どの船にしようか考えた時、ガキの頃に見えていたあのMADE IN JAPANの輝きを思い出した。

MADE IN JAPANのモノづくりをしている企業。その帆を張った船を探しながら、俺は就職活動とやらをスタートした。

これまで口先だけで受験もバイトも合格してきた俺が、人生で初めて書く「履歴書」。手元には最高のエピソードはたくさんあるのだが、いかんせん書く欄が小さすぎる。しかたがないので選びに選んでちょっとだけ書く。読み返してみる。

……思っていたのと違う。

絶対にオモシロイはずなのに、書いた履歴書をちょっと遠くから見てみると、他のヤツらと変わらない、インパクトに欠けた履歴書となっている。

せめて口頭で全部説明させてくれれば、俺の人生の面白さを伝えられるのに。ただし、3時間ほどかかるが。そして面接というものは、どうやら15分ほどだと知る。

もう書く欄がない。

通勤可能範囲……。

ここだ！

「大阪までならママチャリで通勤可能」

そう書くとちょっと満足した。そして頼まれてもいないのに、一応実験してみた。東京から大阪まで、ママチャリを漕ぎまくり4日で走破。気合がはいりすぎて大阪を超え、兵庫県の西宮まで行った。

俺の就職活動は、おそらくであるが、気合をいれるベクトルが、人とはちょっと違っていたようだ。とにかく目立つ。とにかく俺のスゴさを知ってもらう。今までの人生と同じだ。面接でもスタンスは変わらない。普通に考えたらただのアホなスタンスだが、結果、俺は採用試験に受かった。受かりまくった。履歴書の通勤可能範囲の部分をどう評価されたのかはわからないままだった。

これまでの人生、口先だけで生きてきたといっても過言ではない俺。その経験は、面接に100％発揮された。結局履歴書なんて意味があったのだろうかというほど、どの面接でも、まるでヒップホップのフリースタイルラップのごとく、とどまることのないアドリブで、調子のいい言葉を吐き出しまくった。

企業全般に対してあらゆる知識がポッカリと欠けている俺は、一応名前は聞いたことあるな、という企業ばかりを受けた。つまり、バカでも知っているような有名企業ばかりだ。そんなハードルの高い会社から、早々に内定をもらった。何社からも。受けたそばからだ。断りを入れても諦めずに、何度も誘いの電話をくれる企業もあった。やはり見る人が見ると天才なのか。俺は自分の才能に完全に酔った。俺の才能を見抜くなんて、日本の社会も捨てたもんじゃねぇな。

俺は、日立製作所に就職先を決めた。日本のモノづくり、MADE IN JAPANを代表するメーカーだ。

俺もついに、逆立ちしてもかなわなかった父親と同じ、サラリーマンとなった。やっと同じ土俵に立てる。

蛙の子は蛙？　サラリーマンの子はサラリーマン？

いや、絶対に父親を超えて、スーパー最強サラリーマンになる！

「社会」というものがどういうものかをまったく知らないピーター・パン状態のまま、俺の頭の中には期待と熱意しかなかった。

入社してみると、日立製作所という船は、思っていたよりもずっとでかかった。当時、子会社・関連会社で１３００社以上あり、グループ合計の従業員数は36万人を超えていた。従業員36万人にその家族まで含めれば、一体何万人になるのだろうか。そして、その全員があるひとつの方向を向いたら、とんでもないことが起こりそうだ。

俺は初めて、歯車になってもいいと思った。誰とも違う歯車ではありたいが、そのたったひとつの歯車が日立製作所全体を動かすことになっていけば、とんでもない人数が動く。

会社が変われば、社会が変わる。

社会が変われば、日本が変わる。

日本が変われば、アジアが変わる。
そして、アジアが変われば、世界が変わる。

俺が会社を変えれば、世界が変わるかもしれない。
そう考えただけで鳥肌が立った。
やってやる。革命だ。そんなアツい気持ちで俺はデカい船に乗り込んだ。

入社してすぐ、伝統的な研修行事が発表された。新入社員が総出で日本全国の様々な家電量販店に派遣され、お店の販売員に混ざりハッピを着て、自社製品を店頭で売る、という実務研修だ。販売台数は、毎週行われる報告会で発表される。研修後、様々な部署に配属される新入社員たちが、同じ土俵で営業成績を競うのだ。

ここでまずブチかまさないとダメだ。そのくらいできないと、会社を変えるような人間にはなれない。この土俵では、誰にも負けない。そう覚悟を決めた。

俺の販売担当は、自社ブランドのパソコン。よしわかった。パソコンね。俺は頷く。ただ、2つだけ、問題があった。

まず、俺がパソコンのパの字も知らない、ということだ。

HDD。メモリ。CPU。

どれも見たことも聞いたことも触ったこともない。ちんぷんかんぷんな文字列である。そんな俺が、家電量販店にいるパソコン販売のプロフェッショナルである店員たちと並び、自社パソコンの特徴を説明し、お客さんの質問に答え、そして製品を買ってもらうわけだ。どうしたらそんなことができるのか、頭の中のオリジナルパソコンに打ち込んでみた。まあ、なんとかなるか、という結論がでた。

もうひとつの問題は、週末出勤である。当然といえば当然だが、家電量販店の集客率が最も高いのは、週末である。そのため、新入社員全員に、週末出勤が課せられるのだ。

しかし、俺は深刻な事情を抱えていた。それは、大好きな彼女とデートできるのが、週末だけである、という問題だ。仕事と、彼女。どっちを選ぶのか。

俺は迷わず彼女を選択した。いや、両立させてやる！

気づいたら俺は、総務部のドアをノックしていた。

「特例を、お願いします。人生において非常に重要な行事が毎週末かかさずあるので、週末は休みとさせてください。やる気がないわけじゃないんです。むしろ、やる気なら誰よりもあります」

「はぁ？」

困惑した顔の総務。

「そこで提案です。僕は営業成績トップを取ります。トップであり続けます。トップでいる間は、週末の休みをください。その代わり、一度でも誰かに負け、順位が落ちるようなら、週末含め、休まず働きます。お願いします！」

「……」

総務部の担当者はかなりポカンとしていたが、どうせトップでいられないだろうと判断したのか、渋々ながら了承してくれた。

営業成績で負けたら、俺に休みはない。

集計は週単位。期間中全ての週で、全国トップであり続ける。しかも平日だけで。俺ならやれる。相変わらずの根拠のない自信に満ち溢れた俺は、パソコンの知識を増やすよりも、週末のデートスポットの情報収集に余念がなかった。

さて、本番である。とある家電量販店。店の規模は中程度。パソコン売り場に立った俺は、唖然とした。

「……ウチの会社のパソコンがない」

売り場には所狭しと他の会社の展示機が並んでいる。

お客さんのほとんどは実機を見て、触って、そして欲しいモノを選ぶ。しかし俺は、実物を見せることなく、口先とパンフレットだけでパソコンを売らなくてはならないのだ。総務部の粋な計らいだろうか。それとも、神様のイタズラだろうか。どちらにしろ、タチが悪すぎる。

そんな俺の動揺を無視して、勝負は容赦なくスタートを切った。俺は気合と共に、唯一の武器、パンフレットを尻ポケットに突っ込んだ。

「洋平はパンフレットという武器を手に入れた！」

ゲームのスタートボタンを押せば手に入るような、初期装備の、こん棒レベルの武器である。

しかし、俺はその武器をフル活用した。俺が売り場で立てる場所は、他社のパソコンの展示機の前だ。自社のパソコンが置いてないのだから当たり前だ。

作戦はこうだ。実機を触りに来たお客さんに近寄り、まずはそのお客さんが興味を持っているパソコンを褒めちぎる。ついでにその他のメーカーの展示機も紹介し、いかに素晴らしいかを説明。なんなら展示機全てを、ホストが客をヨイショするかのように、褒めまくった。なぜなら自分が買おうかなと思っているモノや好きなブランドの悪口をいうと、人間の心情としてあまりいい気持ちはしない。水商売でいえば、その場にいないホストの悪い評判を自分のテーブルで広めているようなものだ。自分に対してもいい印象が残ることはない。逆に、自分が目をつけた製品はどれも良いモノ、となれば当然お客さんにも迷いが生じる。そのタイミングで、これらの素晴らしいパソコンにも、ひとつだけ欠落している機能を教える。

そうなるとお客さんは、

「その機能があるパソコンはないの？」

と聞いてくるわけだ。

俺は、少し言いづらそうにモジモジしながら、

「いや、あるにはあるのですが、展示機も含め、売り切れてるんです……」

と伝えた上で、チャチャチャーン！

ポケットから出した少々折れ曲がっている伝家の宝刀（棍棒）、自社製品のパンフレットを見せるのだ。

「ご注文いただければなんとか在庫を確保してみせます！」

この自ら生みだした営業トークがハマった。他社製品をけなすことなく、お客さんの「欲しい」に火をつける営業トーク。俺は喋り倒し、売りまくった。この営業トークは、水商売での「お客さん」を扱う経験がなければそこまでできなかったかもしれない。

ありがとう、ナイトヨコハマ。ありがとう、兄さん方！

結果、俺は週末の休みを死守することができた。デートをしたい、という欲求だけで、俺は爆走した。触ってもないパソコンを、売って、売って、売りまくった。販売成績は常にトップ。その成績は天井知らずで伸び続け、社内に張られた売上成績表を余裕で突き抜けた。そして俺は、研修中の全新入社員の中でのトップではなく、日本全国の全ての家電量販店店員の中で、自社パソコンの販売台数、ダントツのトップに立ち、日本一の称号を手に入れ、後日、表彰された。（が、もらえたのは賞状とクオカード1枚だった）

武器は棍棒のまま、ゲームをクリアしたのだ。

人はデートのためならなんでもできる、という一例である。

華々しい成績で研修期間を終えた後、俺はさらに調子にのった。

「結果さえ出せば大企業でも我がままは通る」

俺はその餌に、ガッチリと食いついた。好き放題やっていいんだと、自分で自分にＯＫを出した。

やりたいことはたくさんあった。アイディアは勝手に溢れてくる。俺は企画書を抱え、所属する事業部の事業部長に勝手にアポを取り、直接提案しに行った。直属の上司はもちろん、上司の上司も、そのまた上司も飛び越えて。

しかし、俺という暴走列車は、事業部長というトップによって、あっさりと進路変更することになる。

「数字で説明できない提案は、アイディアとは呼ばない」

優しい口調だったが、そこには冷徹さと厳しさがあった。

「それは、思いつき、と呼ばれるものだ。アイディアにはいくらでもお金を出す。だが、思いつきには1円たりとも出すことはできない。君はまず、自分のやりたいことを数字だけで説明できるようになりなさい」

そう言われ、俺は気づけば財務・経理の部署に配属されていた。

俺が経理?

どんぶり勘定と、とらぬタヌキの皮算用しかできない俺が? しかし、事業部長直々の、決定事項である。俺が持っていった企画書は、配属命令書となって返ってきたのだ。

経理という仕事内容さえほとんどわからぬまま配属されたものの、その仕事は思いのほか、やりがいがあった。会社を動かすということは、常に根拠となる数字の裏付けが必要であることも理解した。だが、数字とばかり大人しく付き合っていることができなかった俺は、経理にいながらも、まったく経理とは関係のない企画書を提出し続けた。もちろんトップの事業部長に。

経理部長には何度も怒られた。入社数年で書いた始末書の数は、俺の営業成績同様、日本一の記録を打ち立てたに違いない。始末書を書き慣れすぎて、事業部長へ渡す企画書を書く時は、同時に始末書も書いていた。いい加減にしろ! と、一度は「直談判禁止令」が出た。

「ダメ」と言われたからといって大人しくしている俺ではない。

ある日、社内で行われた腕相撲大会。俺は仮面をかぶって参加。数々の人生の局面で、腕相撲は役に立つのだ。

もちろん優勝。

そして表彰式の舞台で、うやうやしく表彰状を渡してくれた事業部長に、俺もうやうやしく企画書を渡した。腕相撲効果なのか、ようやく、ようやく企画が通った。

自分のやりたい企画に予算がつく、という感動。「会社を変える」ということが現実になりそうな予感がした。社長室よりもでかい企画室をもらい、セクシー美人秘書こそいなかったものの、自由にやらせてもらった。いつでも事業部長にアポをとっていい、というお墨つきまでもらい、これで経理部長に言い渡された「直談判禁止令」も白紙となった。

初めてもらった予算は、ホームページとポスターに消えた。会社を変える！　とやっきになっていた俺は、まずそれを文字に起こしたのだ。

「若手主体　革命」

サングラスをかけた外国人の子どもの写真にドでかい文字の、ド派手なポスター。社内に張られていた社長の写真入りポスターよりも大きいそのポスターを、いたるところに張りまくった。社員用エレベーターの扉にも真ん中を切ったポスターを張り、エレベーターが開くと奥にも同じポスターがあるサブリミナルポスター攻撃。さらに「革命」をテーマにオリジナルホームページをつくり、そのバナーを会社のホームページにくっつけた。会社のホームページとはテイストが違いすぎて、掲載直後から、

「会社のホームページがハッカーにイタズラされている！」

そんな問い合わせが総務部に殺到した。

革命家を気どっていた俺だったが、事業部長からは「オマエはテロリストだ」と言われていた。もちろん、何を言われようと、日本有数の大企業を遊び場に、俺は思いつくことをどんどんカタチにした。今思えば、「思いつき」としか呼べないような、浅はかなこともした。社内でのクラブイベント。若手代表VS経営幹部のガチンコ討論会。大問題に発展することもあったが、無謀と言われても「会社を変えたい」という自分のアツい気持ちに本音で向き合い、突っ走った。

会社を変えれば、社会が変わり、日本、アジア、そして、世界が変わる。それはきっと事実だ。ただ俺に、どんな社会に、どんな日本に、どんなアジアにしたいのかという明確なイメージがなかった。残念すぎるほどに。だから会社すら変えることはできなかった。甘すぎたのだ。

俺は世間を知らなかった。ただ、何か大きなことをしたいだけのヤリタガリだった。それでも自分の言葉で自分の背中を押すようにして、「ヴィジョン」がないまま、ゴールが見えなかろうが壁にぶつかろうが俺は突っ走って、ガムシャラに働いた。

入社して3年がたち、後輩もでき、経理としての仕事にもだいぶ慣れてきた頃。

もともと事業部長からは、

「まず経理で2年間は数字を勉強しろ。そのあとは好きにすればいい」

と言われていた。

しかし気がつけば3年もの間、経理に従事していたのだ。俺はそろそろ好きな部署に挑戦したいと思うようになっていた。

なかなかきっかけがなかったので、俺は採用試験で最終面接を担当してくれていた、本社人事部の部長に相談した。そして、本社にあるブランド戦略室の本部長を紹介してもらい、直談判した結果、その部署に異動できることが内定した。しかし、経理部の人事権は本社の財務本部が握っている。

人事部の部長からも、

「経理からブランド戦略室への転属は異例で、問題が起こる可能性がある」

と言われ、この内定は水面下で進めることとなった。

そしてついに、人事異動が発表される日がやってきた。その日の朝、俺は経理部長から呼ばれ異動を告げられた。ただ、異動先は内定していたブランド戦略室ではなく、本社の財務本部だった。

俺が裏で本社人事部に直接働きかけていた情報が漏れていたらしく、財務本部は俺の動きと平行してこの異動の話を進めていたようだ。裏の裏をかかれたのだ。

異動先は、「財務本部個別決算グループ」に決まった。この決定に俺は不満しかなかったし、そのグループがどんなものかも知らなかった。

「財務本部個別決算グループ」は構成人数が6人、という少数精鋭で、会社の中でも、出世を約束された超エリート集団、と噂されていた。実際、東大をストレートで卒業し、会計士の資格も余裕で取り、そのままこの会社に入社するようなヤツらだった。AO入試（アホでもOK入試）で、しかも音楽で大学に入ったヤツなんて、どこを探しても俺だけだった。配属となった初日、会社の取締役から呼ばれた俺はこう言われた。

「君が財務・経理グループを離れ、ブランド戦略室に行くことを希望していたことは知っている。ただ、この個別決算グループは経営の中枢を担う特別なところだ。もし君がここで1年間やっていくことができれば、君は世界中どこの会社にいっても通用することが証明される。何も考えず、挑戦してみなさい」

「ここでやっていければ、世界中どこの会社にいっても通用するようになる」

これ、無敵感あるな。カッチョいい！

取締役の言葉に上手くのせられた俺は、不満に思っていたこの異動を、あっさり納得して受け入れた。

日立製作所は、言わずと知れた日本三大メーカーのひとつである。当時、グループ会社は1300社以上あり、連結ベースで売上は10兆円と、出版業界全体の売上よりも大きかった。その本社の決算書作成、業績管理・分析、経営会議資料の作成、株主総会対応、会計士監査対応、内部監査、などが「財務本部個別決算グループ」の仕事だ。これらのヘビーな仕事をたった6人でやるわけだから、仕事はスーパーハード。しかし、いくら仕事が抱えきれないほどあっても、本社での泊まり込みは禁止されていた。労働組合が定めたルールである。毎日必ず、帰宅しなくてはならないのだ。朝4時にタクシーで帰宅し、一瞬仮眠し、数時間後、8時までに再び出社する。そんな毎日が始まった。土日祝日もほぼ同じスケジュールで休日出勤は当たり前。休みが月に数日あればラッキー、という多忙さだった。

仕事中は、私語がない。ひたすら紙をめくる音。キーボードを叩く音。文字を書く音に判子を押す音。まるで工場のようだった。朝から晩まで仕事に集中し続けるのだが、23時ぐらいになると皆が限界を迎え、集中力が切れる。1日に一度だけ、私語が交わされる時間だ。目線はパソコンの画面にやったまま、キーボードも打ち続けながら、6人で何気ない冗談を交わす。5分弱で、その「歓談」は終了する。なぜなら5分もたてば、「無駄話をしてる場合ではない」と6人全員が気づき、黙って仕事に戻るからだ。

まるで賽《さい》の河原の石積みのように、どれだけやっても仕事は終わらない。河原の石を積んでも積んでも、鬼が追加の石を持ってくる。常人ではノイローゼになりそうな状況。だが、誰も文句は言わない。無理にやらされているとも思っていない。

日本一のメーカーの、その中枢で勤務しているという自覚。MADE IN JAPANの誇りは自分たちが守るんだ、という情熱。

この2つの気持ちが、どんなにつらい状況でも俺らを突き動かしていたのだと思う。

社会人になって4年がたち、俺は25歳になっていた。いつのまにかネクタイを結ぶことにも慣れ、七五三のようだったスーツも馴染んできていた。休みも取れるようになり、週末は彼女と遊び、夜な夜な気の合う社会人の仲間たちと酒を飲む。会社こそ違えど、俺と同じ世代で、社会人経験も同じくらい。もちろんそれぞれに会社で大変なことがあるのだが、そこにいる誰もが、俺も含めて、満足のいく日々を送っていた。

希望した就職先。充分で安定した収入。やりがいのある仕事。過酷な日もあるが職場環境は快適。楽しいプライベート。どれをとってみても文句はない。

文句は、なかったはずだった。

ある土曜日、久しぶりに早く仕事を終えた俺が公園の端っこで電話をしていると、ランドセルを背負った男の子が、よそ見をしながら走っていたのか、ぶつかってきた。俺はよろけるだけで済んだが、その子はもんどり打って倒れた。

「大丈夫か？」

手を差し伸べたが、負けん気の強い男の子のようで、俺の手を摑まずに自力で立った。さらに、なんだよそんなところに立ちやがって、という不満げな表情を浮かべつつ、お辞儀をした。

「さーせん！」

その日本語に苦笑いする俺の目の前で、頭を下げた男の子のランドセルの蓋はペロンと開き、中身がぶちまけられた。慌てて拾い集める男の子。俺も手伝った。落書きだらけの教科書。4年生のようだ。破れのあるノート。それから、学芸会のお芝居用台本もあった。題目は、『裸の王様』だった。

俺は懐かしい気持ちになりながら、その台本を手にとった。絶対に主役になるんだ、という我がままを突き通した俺。我がままであり続けたら、どんな自分にもなれると思っていた。あの頃の俺が、今の俺を見たら、なんて言うんだろうか。

肩を叩かれた。男の子がじっと俺をみている。俺は我に返って、手にしていた台本を男の子に渡した。

「なあ、君、何役？」

「王様」

「お。すごいじゃん。主役じゃん！」

そう言った俺に、男の子はきょとんとして言った。

「王様、10人いるよ。別に主役って感じじゃない」

「……そうなんだ」

皆で一斉にゴールするような運動会をする学校がたくさんあると聞いたことがある。順番をつけることを嫌う世代が増えているのだ。「一番」や「主役」が無ければ、確かに悔しい思いをしないで済むかもしれない。でも俺は、順番があるからこそガムシャラになれるし、悔しいという気持ちが、自分を成長させてきたと思っている。

懐かしい手触りの金具を回し、ランドセルの蓋を閉めてやると、男の子は再びペコリと頭を下げ、走り去っていった。俺はその小さな背中をぼんやりと見つめた。ドラクエのように、人生は一番なりたいものを選んでスタートボタンを押せる。そう思っていたはずなのに。

俺は自分にしかなれないたった1人の主役ではなく、大勢の主役の中の1人になっていないだろうか。誰もいなくなった静かな公園で、俺は1人佇んだ。キングと話したかった。でも、キングとはずっと会っていない。小さくため息をついてみたが、出てくることはなかった。

その夜、俺は仲間たちと、いつものお店で酒を飲んでいた。仲間たちは楽しげにワイワイ騒いでいる。しかし俺は昼間の出来事のせいか口数が少なくなっていて、代わりに酒を何度も煽った。トイレに行こうと立ち上がると、思ったよりも酔っていたようで、足元がふらついた。俺は壁に手をついてバランスをとりながら、よたよたと店内を歩いた。

いつもは気にしていなかった、お店の内装。シンプルなつくりだが、壁を触りながらよく見ると、いくつも発見があった。内装はコンクリから古材まで、色々な素材が混じっている。見たことのない人形やどこで売っているのかというような絵など、ヘンテコなものがさり気なく置いてある。まるで秘密基地のようだ。子どもの頃に「どこでもない場所」が「どこにもないスペシャルな場所」になったようなドキドキ感。

「……カッコいいな」

こんな店が自分のものだったら楽しいだろうな、そんなことを思いながらさらに店内を見ていくと、大きめの本棚に、小説はもちろん、自伝、放浪記など、オーナーの趣味と思われる、自由な雰囲気のタイトルが並べられていた。いくつかの本は、表紙が見えるようにディスプレイされていた。ある一冊の本の表紙が気になり、ふと手にとった。知らない誰かの自伝と旅行記。パラパラと読む。なかなかオモシロそうだ。でも、俺の人生だって本になるくらいオモシロいけどな、心の中で負け惜しみを口にした。

……負け惜しみ？

突然、酔いも、尿意も、どこかへ消えた。

俺は手にしていた本を丁寧に本棚に戻すと、仲間たちが座るテーブルに戻り、ちょうど皆が飲もうとしていたテキーラのショットを、たて続けに一気に飲んだ。カツン、カツン、カツン、カツンと音をたててショットグラスをテーブルに置き、そして宣言した。

「俺、雑魚だわ」

「え？」

仲間たちはポカンとしている。

「やりたいこと一杯あるのに、なんか、無視してたわ。見ないようにしてた」

「……」

キングが出てこなかったんじゃない。俺がキングを無視していたんだ。

日立製作所に入社した頃、「こうなりたい！」という具体的な職業が思いついていなかった。だからその何かが見つかるまで、大学と同じように、大きな船に乗ろうと思っていた。その「なりたい何か」が見つかれば、そのことに打ち込み、鍛錬を続け、職人のように技を磨く人生を考えていた。戦士であれば最強の戦士に。魔法使いであれば最強の魔法使いに。


でも俺はようやく気づいた。

なりたいものはないのかもしれない。

なぜならなりたいものが思いつかないからだ。


ただ、やりたいことは山ほどある。


ついさっきの俺がそうだ。カッコいい店を見れば店をやりたくなる。面白そうな本があれば、本を出したくなる。

今までそんなことはたくさんあった。映画に感動すれば、映画だって撮りたいと思い始める。

自分の着たい服がなければ洋服のブランドだって立ち上げたいと思う。

でも、「なりたい」わけじゃない。

カフェやバーのマスター。
孤高の作家。
海外に通用する映画監督。
アパレル業界のカリスマ。

何かを職人的に極めトップに立ちたい。そんな人生に憧れるが、自分はそうじゃない。「なりたいものになる」ことこそが目標と思っていたが、その気持ちが、「やりたいことをやる」にストップをかけていたのだ。

誰かの会社でスーパーサラリーマンを目指して働き、ちょっと結果を出して満足して、誰かの店をカッコいいなと感じながら酒を飲み、誰かが出した本のオモシロさに負け惜しみをつぶやいている。

俺はちっとも自由じゃない。

やりたいことがたくさんあるのに、どれもこれもやれていない、ただの雑魚だ。このままじゃ、死ぬ間際に後悔する。ヨボヨボの俺が天井に向かって、

「どんなリスクを背負ってでも、やりたいことに挑戦すればよかった……」

そんなふうに呟きながら死んでいくのは絶対に嫌だ。

「挑み残しのある人生」なんてクソ喰らえだ。

俺は自分を雑魚と認めた。

ここからがスタートだ。

雑魚のままでもいい。

でも、挑んでやる。

一生、ワルあがきし続けてやる。

COLO-COLOの選手だったか、酔っ払いのオヤジだったか、誰に聞いたかは定かでないが、南米には、こんな言い伝えがある。

「男たるもの、人生においてやらなければならないことが3つある。1つ、自分の本を書くこと。2つ、自分の子どもをつくること。3つ、自分の木を植えること」

よし。

俺は、「意地でも成し遂げること」を3つ決めた。

1つ、自伝を出版する。

2つ、その本の中でプロポーズをして最愛なる女性と結婚する。

3つ、夢を叶えるための作戦会議ができて酒も飲めるようなアジト（店）をつくる。

子どもを授かるかどうかは、もちろん結婚後の運とタイミングだが、南米の言い伝えになぞらえるのなら、アジトは俺にとっての木になるわけだ。

俺は妄想する。

彼女とのデート。

「え、何？　どこ行くの？」

苦笑いで返事もせず、タクシーを飛ばす俺。そして現れるのが一軒のカッチョいい店。

「なにこの店、ステキ……」

「俺の店。ま、入んなよ」

そういって2人で酒を酌み交わす。マスターに目配せ。髭のマスターも俺に目配せ。彼女はマスターと俺がデキていると勘違いするかもしれない。しかしそんな彼女の疑問を吹き飛ばすかのように、マスターから俺の自伝をこっそり受け取り、カウンターに滑らせ、すっと彼女に渡す。彼女は、俺と俺の写真が表紙に印刷された本とを見比べる。やっぱり実物の方がいいわよ、と無邪気に笑う彼女。俺は黙って、最後のページを開くよう彼女に促す。

そこには、彼女へのプロポーズの言葉。

彼女、嬉しくて泣き崩れる。俺はそっと彼女の肩に手を回し、エエ声で囁く。

「結婚しよう」

……完璧すぎる。

その瞬間の幸福を想像すると、身震いがした。俺、これを達成するためならなんでもできる。全部、必ず成し遂げる。俺ならできるはず。できないはずがない。できるまでやるだけだ。

25歳の春の夜明け。

気がつくと俺らは皆、店の階段にいた。閉店だからと締め出されたのだ。酔い潰れた仲間たちが階段で重なるように寝ている。俺は仲間たちをまたいで外に出ると、ものすごく爽やかに胃の中のテキーラをマーライオンし、そして大きく伸びをした。

眩しくも柔らかな暖かさの春の朝日は、漲《みなぎ》った情熱ではち切れそうな俺を、優しく黄金色に包んだ。

第10章　会社が変われば、社会が、日本が、アジアが、世界が変わる

第11章　本を出せる側の人間とは？

バーで3つの誓いを立て、意気揚々と帰宅したのは日曜の昼。俺は靴を脱ぐのさえもどかしく、ベッドに倒れると一瞬で爆睡した。

起きると、いつのまにか夜になっていた。俺は彼女との夕飯の約束を思い出し、猛ダッシュした。服もそのまま、酒と吐瀉物の臭いにまみれた俺は、彼女のブリザードな視線を浴びながら、そこそこ高級な店で食事をした。

俺は昨晩のひらめきを彼女にアツく語った。もちろんプロポーズのくだりは伏せたまま。彼女は基本、俺が何をアツく語っても、「ふーん」もしくは「へー」で返す。「好きなようにやったらいい」というスタンスだ。「わースゴーい！」と言われるよりもずっと素直でいいし、とにかく俺は、好きな人にその時の強い想いさえ聞いてもらえればそれでよかった。ただその時、彼女が珍しく、「へー」の代わりに、ほんの少しだが、眉をひそめたのが気になった。だが気のせいということにして、彼女とのデートを満喫した。

帰宅後、汗臭さを通り越して発酵しそうな服を脱ごうとしていると、机の上に1冊のノートが置いてあるのに気づいた。

「洋平へ」

そうマジックで殴り書きしてある。汚い字だ。

俺はあたりを見渡す。キングの気配はない。最後の別れの言葉だろうか。大人になって小さくまとまりやがってと見限られたのだろうか。確かに昨日までまとまっていた。でも、せっかく自覚が芽生え、自由になると決意したのに。俺は慌ててノートを開いた。キングらしく見開き2ページを大胆に使って、一言だけ書いてある。

「惜しい」

はあ？

「ちょっとキング！　惜しいってなんだよ！」

返事はない。意味がわからない。人の決意を惜しいってなんだ。バカにされたようでムカつく。でもどこにもいないから、文句も言えない。いや言ってるけど無視されているのが虚しい。

「バカだなあ」とツッコまれるほうがいい。書き置きなんて回りくどいことをしたのは、直接会いたくないからなのか。

彼女が眉をひそめたことを思い出す。やろうとしていることは間違ってないはず。もしかしたら、やり方の問題なのかもしれない。俺はノートを見つめる。次のページの言葉が透けていた。俺はそこに答えがあるのかもしれないと、急いでページをめくった。

「今まで何もやってこなかった雑魚が、いきなりできるかバーカ」

ノートを摑んで壁に叩きつけた。雑魚と認めたばかりの自分であったが、人に、特にキングに言われると腹が立つ。しかしいくら腹を立てたところで、相手はいない。俺はまたもやむなしくなりながら、自分で叩きつけたノートを拾い上げた。

上着を脱ぎ、ネクタイを緩め、シャツのボタンをいくつか外しながら椅子に座って、ノートのページをもう1枚めくった。このキングのノートに、向き合ってやろうじゃねえか。

次のページは、いきなりの数学だった。キングに数学ができるなんて。高校時代のあの猛勉強の日々の中、俺と一緒に覚えていたのだろうか。

そこには、

命題『P（n）俺（人生のN日目）＝本を出したくても出版できない側の人間である』

とあった。数学的帰納法だ。

本を出したくても出版できない側の人間……。

つまり、世の中の人間を、出版できる側とできない側にわける、ということだ。俺は命題を頭に入れ、ページをめくった。

『P（1）今日の俺＝本を出版できない側の人間である』

かつ、

『P（i）これまでの俺＝本を出版できない側の人間である』

という方程式が成立すれば、

『P（n）俺という人間＝一生、本を出版できない側の人間である』ことが数学的に証明される。

大きく汚い字で、見開きギリギリまで文字が詰まっている。次のページは白紙。これが最後のメッセージということか。俺の現在の状態の、証明。納得はできるが、認めたくない思いもあり、何度も見返した。しかし読めば読むほど、納得がいく。

これまでの人生、25年間（9000日＝7億7760万秒）という長い時間、俺は本を出せる側ではなかった。そして今日、いや今、本を出せない側にいる。数学的帰納法で言うならば、今後も本を出せないと証明されるわけだ。これまでやってきた人間、もしくは今、何かをやっている人間にだけ、チャンスはある。逆に言うと、これまで何かをやってきた人間には、今がどうであれチャンスはある。だが、今まで言い訳を盾に何もやってこなかった人間に、チャンスはない。

しかもそれは、何かひとつのことだけではないのも明白だ。本をつくったり、店をやったり、これまでの時間の中でなにかをやり遂げていれば、今から映画やアパレルを始めたってチャンスがあるということでもある。つまり、本を出したいと思っても出せないでいる人間は、本だけじゃなく、その他、色んな夢も叶えられず、諦めていくことになる。

そんな人生送るくらいなら死んだほうがマシだ。でも俺は変わろうと決意したばかりだ。あの決意はそんなにも意味がないことだったのだろうか。

考えろ。集中しろ。俺は姿勢を正し、ノートをきちんと置き直し、きっかり1分、黙禱した。時計なんて見なくても体が覚えている。そして深呼吸して、俺は「あの世界」に入った。

まず方程式に潜る。

今証明されているのは、
『P（1）今日の俺＝本を出版できない側の人間である』
『P（i）これまでの俺＝本を出版できない側の人間である』

この2つの方程式が前提だと俺は本が出版できない。「これまでの俺」は、タイムマシンでもない限り、永遠に変わらない。ならば、1つ目の方程式をひっくり返すしかない。

つまり、『P（1）今日の俺＝本を出版できない側の人間である』を『P（1）今日の俺＝本を出版できる側の人間である』にするのだ。そうなれば、『P（n）俺という人間≠一生、本を出版できない側の人間である』と証明できる。

「今そうなる」しかないってことだ。今やるすぐやるなんてのは、昨日の夜から思ってる。それじゃダメなんだ。方程式にならない。ただの気持ち、精神論はいらない。頑張るのは当たり前。そんな不確実なモノは求められていない。求められているのは、具体的な結果。

俺はさらに深く潜る。海底にタッチする感覚。そしてくるりと回転する。ずっと遠くに、水面に煌めく光が見える。

結果をつくるしかない。

俺は現実に戻った。机を叩いて立ち上がり、どこにもいないキングに向かって言った。

「まず期限を決める。1年以内だ。1年以内に出版して、書店に本が並んでいる。これが結果。それを実現できる側の人間に、今この瞬間になる。そのために何をするか。まず、出版社に片っ端から原稿を持ち込む。ダメな場合もあるだろう。日本中全ての出版社に持ち込んで断られたとする。それでも結果は変えない。変えさせない。出版社が俺を受け入れなければ、自分で出版社を立ち上げて出版する。初めてだろうが金がなかろうが、そうするという覚悟を決める。最悪、自分で出版社をつくるのであれば、書店に本が並ぶことは確定する。運任せでも頑張り任せでも人任せでもなく、俺が必ず結果をつくる。その覚悟があれば今の俺は、すでに本を出せる側の人間ってことだ！　そうだろキング!?」

俺の言葉は虚しく部屋に響いた。

でも大丈夫だ。これは間違ってない。キングに頷いて欲しかったけれど、やるじゃんって言って欲しかったけれど、俺ももう大人だ。ここは自分でケツを持つ。キングがどこかでニヤニヤと頷いてくれていると信じて。俺は興奮した自分を落ち着かせようと、一旦座ってノートを閉じた。

！

ノートの背表紙にマジックの跡がある。
俺は慌てて、最後のページを開いた。

「やるじゃん。
先に結果さえ決めれば、夢なんてのは簡単に叶う。
誰にでもできるし、誰でも叶う。
でもこれは、俺とオマエだけの秘密だ」

夢なんて簡単に叶う。

1年後に書店に俺の本が並ぶ。

アジトもできている。

その結果をつくるためには、両手両足を泥沼に突っ込むことになるだろう。だがそんなことはどうでもいい。俺はどんなに大変でも、泥から顔だけ出してでも、笑ってやる。泥沼の中で死ぬほどワルあがきしようじゃないか。

勉強が大嫌いなのに数学を使ってまで、こんがらがってる俺を解きほぐしてくれて、ありがとう、キング。

俺は丸2日間着続けていたスーツを脱ぎ捨て、熱いシャワーを浴びた。2日間分の酒の臭いも、今までの自分も、全て洗い流した。新たな1日が始まる。夢を叶えるための具体的な行動を重ねる、最初の日。

俺はまず、俺と仲間の「アジト」となる店を出すことからスタートした。飲み仲間に自分の想いを語り、賛同者を集めると、皆、俺の夢にのってくれた。この仲間たちと、日々集い、飲み交わせる最高の店。それは言い出しっぺの俺が探すと宣言した。

次の日から3連休を取り、俺は物件探しに奔走した。3日目。東京の恵比寿駅から徒歩1分の好立地に、新築の物件を見つけ、即決で契約。そこから大急ぎで内装を揃えた。

ゆったりとくつろげる本皮のソファ、海外アーティストの絵、最高のオーディオ機器に100インチ超えの巨大スクリーンとプロジェクター、恵比寿の街が見渡せるプライベートテラス、ライヴのできる演奏機材など、俺らが心から欲しいと思うもので店を埋め尽くした。

覚悟を決めてから一ヶ月。
最高のアジトが完成した。

OPEN初日、俺らは仲間だけで店を貸し切り、飲み明かした。その酒は最高に美味かった。
ここは、自分の部屋でもなければ、行きつけの店でもなく、俺らのアジトなんだ。何を置こうが、どんな音をかけようが、どんなイベントをしようが、全部俺らが自由に決められる。夢の場所が現実となった。

俺の話をまったく信じていなかったヤツらもいた。

「えっ、もう店できたの？」

俺は笑って言う。

「俺のフルスイング、早すぎて見えないだろ」

アイツ調子にのってるぞ、という声も聞こえた。そのくらいがいい。俺は泥の中から調子のいい顔だけを突き出して、必死でもがいた。そしてその顔はもう、次を向いていた。

出版、という夢だ。

「さて、どうしようか……」

アジトでは、仲間たちが酒を飲み交わし、楽しげに過ごしている。俺はその脇で、ひたすらに頭を悩ませる日々を過ごした。遊ぶ場としてのアジトだったが、俺はひたすら悩む場として使っていた……。

まずもって、本をどうやって書くのかもわからない。そもそも読書が苦手だったことにも気がついた。だが、中身は自伝。自分のことを書くだけなら「なんとかなる」という根拠のない自信はあった。問題はどう出版するかである。出版の仕組みはもちろん、出版社へのツテやコネもない。そして、自分のような無名な若造の本なんか誰が出してくれるのだろうか？

あまりにわからないことが多すぎて、何から手をつけていいのかわからない。ただ、最後は自分で出版社をつくればいいと思っているから不安はなかった。

悩ましい数日を過ごしたが、あることを決めたらスッキリした。

「売れなかったら全部自分で買い取ればいいんだ！」

無名の若造の自伝を出したくないのは、「売れない」からだ。俺が出版社の社長だったとしたら、「確実に売れる」本ならGOを出すだろう。出版社を立ち上げるより、売れ残った本を自分で買い取る方が安くあがりそうでもある。世の中には無数の出版社があり、片っ端から当たればどこかはOKするはずだ。

そうと決まれば行動だ。まず動く。

俺は出版社主催のセミナーをネットで見つけ、すぐに応募し、参加した。六本木ヒルズにある会場で行われていた出版セミナーは若い人たちで賑わっていた。世の中にはこんなにも出版したい人間がいるのかと驚いた。さらに驚いたのが、そのセミナーが俺にとって、まったく無意味だったことだ。

出版業界の現況。出版することの意義。退屈なウンチクが続いた最後に、あなたのブログを自費出版しませんか？　と結ばれた。全国の書店に本を並べる最短ルートは商業出版しかない、と考えていた俺は、セミナーの内容を右から左に聞き流した。俺の左に座っていた人は、前からも隣からもステレオで話が聴けてさぞ喜んだに違いない。

セミナー終了後、手ぶらでは帰れないぞ、と俺は受付の人に頼みこみ、関係者と会わせてもらい、握手と同時にお願いした。

「僕の本を出版させてください」

細身のスーツに細縁のメガネ、カマキリみたいな風貌のその彼は、満面の笑みで言った。

「ではぜひ、弊社の自費出版にお申し込みください」

メスカマキリに喰われてしまえ、と思った。まあ、世の中、さすがにそんなに甘くないと、1人納得した。これから先も、様々な壁が俺の目の前に立ちふさがるのだろう。しかし、障害上等、絶壁上等。断られることなど、足元の小石ほどにも感じず、次に向かって突っ走る。体を動かし、人と会うことで次が見えてくるはずだ。じゃあ誰に会おうか。


受付レベルじゃダメだ。

トップに直談判だ。


大手企業の会社員の経験からわかったことがある。

会社という組織は、たとえ担当者を口説いても主任で話が止まり、そこを通過できても課長・部長など、さらなるモンスターたちが潜んでいる。しかもそのモンスターたちは良くも悪くも批評・批判のプロフェッショナルたちだ。新しいことやリスクのあることを提案すれば、ハイレベルな集中砲火を浴びる。向こうも潰そうと必死だ。潰されるわけにはいかないし、そんな場所で長ったらしく冒険を足止めされるつもりはない。

だから、全部すっ飛ばしてラスボス、社長と直談判しよう。

「出版社の社長と15分でもいいから直接話せる場をつくる」

次はこれだ。必ずやる。

これまでの人生を顧みると、俺が何かやりたいことに向かって突っ走るたびに、常にモンスターが現れる。それはクラスメイトだったり、警備員だったり、親だったり、受験勉強だったりと、多種多様だった。ただ、そのモンスターさえ倒せば、俺のやりたいことは魔法のように一気に現実になる。そしてゲームか漫画のように、敵を倒せば倒すほど、次のモンスターは強大になっていく。

今回は今までで一番強いモンスターかもしれない。でも、キングには頼らない。あのノートを残してくれただけで充分だ。あとは結果を見せるしかない。俺にできることは何かと考えた。

それから2週間、ひたすら飲むことにした。


もちろん、ただ飲むだけじゃない。

まず周囲に「今度、俺、本を出すことにしたんだ」と2時間ぐらいアツく語る。大抵は「スゴイね」と感心する。そして、「どこの出版社?」とか、「どうやって出版社を説き伏せたの?」と聞いてくる。待ってましたとばかりに、「えっ? まだ何も決まってないよ。もしツテとかコネとかあれば紹介してね」と返す。しかし結果は同じだった。「スゴイねー」が「マジで!?」と呆れた言葉に変わるだけ。そんな無限ループ。

でも、俺は諦めない。どこで誰に繋がるかわからない。社長にダイレクトに繋がる道は必ずあるはず。ただひたすら、たくさんの人と会い続けた。

「社長に会うことができればなんとかなる」

相変わらず根拠はないが、いつもの自信だけはあった。


別に出版社に損をさせたいわけではない。

「良いモノをつくる。そしてたくさん売る。たくさん売れれば儲かる」

ビジネスで当たり前のことを、俺の自伝でもやりたいだけだ。出版だってビジネスなのだから、なんの問題もない。むしろウェルカムなはずだ。ただ、俺が無名だから、リスクが高すぎるだけだ。そのリスクという積荷を載せた俺という船に、どうやったら社長が乗船してくれるのか。答えの出ぬまま、チャンスは突然やってきた。

数え切れないほどの人たちと飲み続けていたある夜、俺は森平八郎さんという人と西麻布のラウンジで飲んでいた。当時、森さんは50代。30代でアパレルの会社を立ち上げ、成長させ、年商12億超えという成功を手にしていた男である。しかしその後、倒産、離婚、泪橋のホームレスと面白いぐらいに転げ落ちてしまった。そこまではよくある（そんなにないが）話。森さんのそこからの逆転劇がすごい。

どん底まで落ちた森さんは、リヤカーを引いて知人から譲り受けた壊れた靴や片方しかない靴を売り歩くことから再スタートを切った。半端ものの靴を売り続け、コツコツと貯めたお金でベルギーワッフルの屋台販売をスタートした。すぐに事業を軌道に乗せ、その数年後にはハワイでジュース屋を開いて大ブレイク。億万長者に返り咲いた。ホームレスから人生のリベンジを大逆転劇で果たした人だ。

そんな森さんは、かなり年下かつ相当生意気な俺とも一緒に飲んでくれるような優しい人だ。飲み＝出版話のルーティーンに入っていた俺はいつもと同じように、

「今度、俺、本を出すことにしたんです！」

とアツく語った。すると森さんは即座に、

「ええやないか！」

と言ってくれた。「出版社は？」なんてことも聞いてこない。

「ただ、まだなんの当てもないんですけどね……」

そう言っても、呆れず、真剣に話を聞いてくれた。「そんなの無理だよ」「出版って大変だよ？」そんな常識的なモノサシで測ることなく、俺の熱意を素直に受け止めてくれた、初めての人だった。

暑苦しく長ったらしい俺の話を、最後まで聞いてくれた森さんはこともなげに言った。

「その話やけど、知り合いの出版社の社長に聞いてやろうか？」

俺は耳を疑ったが、とりあえず120度の角度で頭を下げた。

「ぜ、ぜひ、よろしくお願いします！」

あまりにも突然の話に喜びのゲロが出そうだった。酒飲みでよかった。ガムシャラに飲んでよかった。今まで吐いてきたゲロが報われた。


森さんが知り合いと言った「出版社の社長」は、出版業界では最も有名な社長のうちの1人だった。出版業界の知識がゼロの俺でさえ、何度も名前を聞いたことがある、カリスマ的存在の人だ。森さんは、その社長と高級ホテルのスポーツジムで知り合い、たまに一緒に飲む仲だという。泪橋でホームレスをしていた人とは思えない、さすがの人脈である。

「まあ、どうなるかはわからんけど、電話してみることならできるで」

「マジですか！　じゃあ、よろしくお願いします！　5分でいいので時間さえつくってもらえれば、後は自分でなんとかします！」

少しずつ何かが動き始めた夜だった。

ソワソワが止まらないまま2週間が過ぎた。

ようやく、待ち望んでいた森さんからの連絡があった。

「洋平、連絡取れたでー。15分だけやけど、時間をつくってくれることになってな。ただ、社長には『森さん、勘弁してくれよ。若者が本を出したいなんて話はゴマンとくるんだ。無理に決まってるじゃないか』と言われたから、あまり期待はしないほうがええかもな」

無理と言われた森さんが、「そこをなんとか」と説得してくれたのだろう。俺は感動して、

「森さん、時間をつくってもらえただけで充分です。ありがとうございます！　気合入れて行ってきます！」

そう伝えて電話を終えた。

あとで知ったのだが、「連絡取れたでー」と軽く言ってくれた言葉の裏には、繋がらない電話を何度も何度も、2週間もの間、ひたすら、かけ続けてくれていた森さんの優しさと熱意があった。

飲み友だちの森さんが最高のパスを出してくれた。南米時代に胸を焦がした、COLO-COLOの試合のようだ。0対0で迎えた後半ロスタイム。絶好のチャンスでパスを受け、相手のゴールキーパーと1対1。ここでゴールを決められなかったら、俺はこの先も輝けない。

それから数日後、俺はこの戦いのメインステージである出版社、その本社ビル前にいた。いつもは南米的時間の流れの中で過ごし、20分「後」行動が当たり前の俺なのだが、その日はさすがに早く着いた。約束の時間まで、あと5分。それでも10分前行動には至らないのだが、そんなギリギリ感も俺を高揚させていた。

「あとはやるだけだ。意地でも出版決定のゴールをぶち込んでやる」

興奮状態でビルの前に仁王立ちする俺。ただ、心臓はバックバクで口から飛び出そうだった。不安がないと言ったら嘘になる。普通ならここで企画書を読み直したり、話す内容を確認したりするのだろうが、俺にはそんなアイテムはなかった。

手ぶらである。企画書もない。あるのは胸の中にある、燃えるようなアツい想いと、鋼のように固い覚悟だけだ。

準備は万全。出版社のビルへと入り、約束の時間ちょうどに受付の方に声をかけ、名前を告げた。すぐに、近くで座っていた1人の女性がスッと立ち上がり、キレイなお辞儀をした。

「ご案内します」

そう言って俺の先を歩きだした。俺が来るからと待っていてくれた様子の彼女は、社長秘書です、と自己紹介した。メガネ姿が妙にエロチックな、社長秘書の見本のような女性だった。

俺は彼女の後姿を見つめながら、出版へのアツい想いのベクトルがズレていかないよう、静かに1人戦った。


通された応接室は社長室の隣で、椅子から机からカーペットから全てに高級感のある、豪華な佇まいだった。「打ち合わせ室」ではなく、「応接室」という文字の差に納得。ふかふかの椅子に座らされ、「少々お待ちください」と秘書に言われ、1人部屋をぐるりと見渡した。

本棚には整然と並べられた本の数々。俺でも見知った本が数多くあった。さすがは大手出版社である。歴史に裏付けられた、出版業界で戦い抜いてきた時間が、この部屋には本と共に積み上げられている。俺しかいないのに、誰かに見られているような緊張感に満ちていた。

ドアが静かに開き、隙無くスーツを着こなした、鋭い眼光の男性が入ってきた。妥協なく作品をつくり上げてきた厳しい職人のようなオーラが漂っている。張り詰めていた空気が、さらにピンッピンに張った。彼は俺を正面からぐっと見つめてから挨拶をした。

「どうも、はじめまして。今日は私が、社長の代わりに話を聞くことになりました」

彼は、その出版社の創業メンバーで、取締役兼グループ会社の社長だった。ほぼラスボスだ。このモンスターを倒すしか、俺には道がない。


「じゃあとりあえず飲みに行こうか」

酒でも飲みながらの話し合いに持ち込めるとぼんやり思っていた。だが、わずかに抱いていた幻想はすぐに消えた。そんな空気は、この威圧感と緊張感に満ちた応接室に、微塵もなかった。

「本日は貴重なお時間をいただきありがとうございます。北里洋平と申します」

深々と頭を下げ、そして上げると、俺の頭の中は真っ白。ワカメちゃんのパンツより、いや、しずかちゃんのパンツよりも純白だった。

とりあえず何か話さなくては、と唇を舐めた。カッチカチに乾いていた。何か喋ったとは思う。記憶はない。当たり障りのない、ただの、無意味なイントロダクションだったのだろう。

彼はすぐに俺の話を遮った。そして全てを見透かすような厳しい視線のまま、こう言った。

「君は今、出版業界で年間どのぐらいの本が出て、どのぐらいの売上規模か、知っているかい?」

そう切り出すと、いかに現在の出版業界が不況なのかを、簡潔に語った。セミナーで右から左に流して聞いていた内容も含まれていたので、かろうじて理解はできた。行ってよかった出版セミナー。耳から話を垂れ流してごめんね、左隣の人。


社長の話はドリブルのようにぐいぐいと進んだ。向こうのペースだ。こちらのディフェンス陣はボールを奪って切り返すこともできず、カカシのように立ちすくんでいる。

「ウチには、毎日のように多くの人たちが自分の本を出したいと言ってくるんだ。ただね、残念ながら、無名の新人はまったくと言ってよいほど売れない。稀に、新人の本を出すこともあるよ。でもそれは、小説でいえば、大きな賞を獲った作品。賞を獲ってなくても、完全な原稿があって、なおかつ10人の編集者が読んでその10人が実際に涙を流すような作品。そんな作品がようやく本になり、出版されるんだ。無名の新人が本を出すってそういうことだよ。芸能人の本でさえなかなか売れない時代だ。有名人だからといっても簡単には出さない。出せないんだ。わかるよね?」

ヤバイ、話の締めくくりがパンチラしている。

確かに15分でもいいので時間をください！　とは言った。しかし俺の、覚えてもいないイントロ話が3分。後半をたっぷり使った社長の諭しが現在11分で、本当にきっかり15分で終わってしまいそうだ。さすが社長、本当に15分で収めてきた！

感心してる場合ではない。

フィニッシュ、とばかりに、社長はゴールに向かって鋭いシュートを放った。

「例えばね、○○監督が亡くなって、その息子さんが『親父が最後に残した言葉を本にしたいんです』と言ってきたら、『こちらこそぜひよろしくお願いします』という話に、すぐまとまるけどね。そのくらいでもない限りは、難しいよね」

トドメだった。まだピンピンしている○○監督を仮定の上でも殺すなんて……。でも、このままフィナーレを迎えるなんて絶対に嫌だ。仲間が、森さんが、俺に期待をしてくれている。

誰でもない、俺がなんとかするしかないんだ。状況は悪い意味で最高にヤバい。でも、やる。自分は本を出せない側の人間であるという命題を否定する。キングなら絶対になんとかする。じゃあ俺にもできるはずだ。死んでもこのボールをキャッチして、俺は向こうのゴールまで、そのまま自分でドリブルしてシュートまで持っていかなくてはならない。

張り詰めた空気が、触れたらその手が切れそうなくらいに冷たく鋭い。

一瞬、だったと思う。俺は目をつむり、心を無にした。今までは必ず1分間の黙禱をしていたが、その時、俺は瞬間的に「あの世界」に入った。

応接室に数知れずある本の背表紙の1文字1文字が、やけにくっきり見える。目の前の巨大なモンスターである社長の呼吸が可視化する。頭の中には今までの人生がものすごいスピードで走馬灯のように回る。その全ての瞬間が今の俺をつくっているということを確かめながら、そこから伝えなくてはならないことを摑み取っていく。

俺は、俺であることをまず話さなくては。

自分では、最後の1分だけを使い切ったつもりだった。改めて、自分は何者で、どんな人生を生きてきて、現在何をやっていて、そして今、なぜ自分の本を出したいのかという経緯。自分の本こそが、これからの俺の人生の、新たなスタートになるということ。これまでの思い違いや恥ずかしいことも包み隠さず、全身全霊で話した。

最後の言葉を言い終わった瞬間、サッカーの試合にフル出場したような疲労感がどっと俺を襲った。息も吸わずに一息で話し続けていた気がしたが、時計に目をやると、2時間、喋っていた。

俺の人生を振り絞ったトーク。

俺の話を遮ることなく、じっと聞いてくれた社長。

彼は、喉の奥で小さく咳払いをすると、予想だにしない言葉を口にした。

「この会社を創業する前の話だ。尾崎豊。彼がまだ生きている頃、僕たちは彼の本をつくった。……今、君は、あの頃の尾崎さんと、同じ目をしているよ」

「……」

俺は一言も言葉が出ない。

社長は続けた。

「ただね、こちらも会社としてやっている以上、さすがにこの場で出版をOKすることはできない。ただ、君の想いはわかった。そして君が出版に関して素人であること。本の企画書がないことも理解した。その上で……」

その上で。次の言葉を目をひん剝いて待つ俺。社長は、少し和らいだ表情を浮かべて言った。

「来週、また会いましょう。その時に君の、1年後のヴィジョンを聞かせてください。それを聞いて判断しましょう」

「……あ、……ありがとうございます！」

俺は心の底からの感謝の言葉を、全力で伝えた。

おそらく俺は180度くらいの深いお辞儀をして、ラストステージだった応接室を出たのだろう。気持ちも体もフワフワしていて、実感がなかった。フワフワの俺は例の秘書の方に連れられて、そのまま玄関まで送ってもらった。玄関から外に出る時、秘書の方が小声で優しく、「良かったですね」と言ってくれた。俺はあくまで人類愛で、おもいっきり抱きつきそうになった。

俺は歩き出し、出版社を離れると、道の真ん中で人目をはばからず叫んだ。

「○×△◎□○×△◎□!!!」

自分も意味がわからない叫び。人生で初めての、心の底からの雄叫びだった。まわりの人たちが立ち止まって俺を見ている。もっと見ろ、と思った。ガブリエル・コカ・メンドーサもゴールを決めた時は雄叫びを上げる。スーパーゴールを決めた心境の俺は、まるでこの路上がサッカーフィールドで、周囲から向けられる目はサポーターの応援のように感じていた。俺は、結果を出した俺が、誇らしかった。

1週間後、俺は再び出版社の前に立っていた。前回同様、企画書は無し。宿題に出された、1年後のヴィジョンもなかった。もちろん忘れたわけでも、間に合わなかったわけでもない。

ワールドカップ決勝を目前にしたサッカー選手に、1年後のヴィジョンをお願いします、と聞いたら、「は？　そんなこと考えてないよ」と返事が来るだろう。俺もそう思ったのだ。1年後を見る望遠鏡は持ってない。今しか見えない目玉がついている。

俺はヴィジョンという言葉にかけて、誰も理解できないような映像作品を用意し、その場で上映した。映像についての感想はもらえなかったが、なぜか話は決まった。俺の自伝を出版する方向で、その出版社は動きだしたのだ。

25歳の夏。春の夜明けに埋めた決意の種が、夏にようやく花開いた。俺はついに、まったくの未経験かつ原稿もないまま、出版のチャンスを摑んだのだ。

数日間、夢の中にいるようだった。あまりの展開に、出版が決まったことの現実感もなかった。起きたら全て夢だった、という夢を何度も見たし、それさえも夢だった、という夢まで見た。まるでタイムリープものの映画だ。もちろん現実は、きちんと前に進んでいた。

数日後、俺の担当編集者が決まったという連絡があり、会いに行った。出会った時の印象は、最悪だった。担当編集者は、お寺育ちで坊さんの息子。世の中やものごとを常にナナメから見るタイプ。ポジティブ100％で純粋培養された俺とは真逆。これは確実に採める。そしてそれはお互い様で、彼の、俺に対する印象もヒドかったらしい。向こうから見た俺は、見た目も中身も、苦労知らずの坊ちゃん育ち。おそらくコネでここまできた、出版業界をナメたヤツ。以上。

確かに、俺の奇跡的な結果は、コネによるものだと思われてもしかたがないレベルだった。まず、この出版社で持ち込み企画が通ったのは初めてのことらしい。俺の場合、「企画」ですらなく、「俺を買ってくれ」に限りなく近いが……。さらに、本の内容が決まっていないのに出版することだけが決まるというのは異例中の異例で、こんなことはよほどの大物でなければアリエナイという話を聞いた。そりゃあ普通はコネだとしか思われない。それはそれとして、「出版業界をナメたヤツ」という坊さん編集者の読みは、少なからず当たっていた。

その頃俺はまだ、本を出版するということをナメていたのだ。俺は俺の自伝を書く。それだけは決めていたものの、自分が何をどう書くのか、それがどう出版されるのか、検討もついていなかった。

本を出せる側の人間になりたい。本を出せたらスゲェ。俺にだってできるはずだ。どうせ出すならこんなカッチョいい自伝を出したい。自分本位な欲求は溢れんばかりにあった。だが、本を買ってくれて読んでくれる人たち、つまり読者の存在が、俺の頭にはなかった。

坊さん編集者はそんな俺の無知と無理解をビシッと指摘すべく、他の仕事を放り出したかのように、週2、3回のハイペースで俺と飲み、話してくれた。

まず、世の中の不特定多数の人たちにメッセージを発信することの意味と責任を説いてくれた。もう和尚さんの説法である。そして、本を手に取り読んでくれる人たち1人ひとりの人生のことを、ちゃんと意識すること。我がままこそが全て！　と、他人を二の次にして生きてきた俺に向き合い、坊さん編集者は諦めずに何度も話してくれた。俺は少しずつ、「出版する」とはどういうことか、そしてその重みを知っていった。俺こと夢見るピーター・パンがようやく現実を認識しだした頃に、坊さん編集者は突然、本題をぶつけた。

「洋平の本当の心の叫びはなんなんだ？」

「……それは、……まず……」

「長く説明するな」

鋭く止められた。座禅していたら警策《きょうさく》で叩かれたようだった。

「洋平が書きたい本がどんな本なのか。一言で言えるようになるまで、制作はしない」

そう言い切って袈裟をひるがえして去っていった。いや袈裟は着ていなかった。

一言で言える、本の芯をおっ立てる。それは読者を意識した上で、読者に「内容が届く」「伝わる」本にするための、最も大切な要素なのだ。

全てを理解し、自分の言葉を探しあてるのに、3ヶ月かかった。坊主の息子の割に驚くほど口が悪い担当編集者とは、議論や口論を超えた喧嘩を何度もした。この時期に交わしたアツいやりとりは、今でも俺の本をつくる上での礎となっている。面倒くさいし嫌なヤツだが、今でも大好きな編集者だ。

いつしか、発売予定日だった11月が過ぎた。

出版が決定した頃、どこを眺めても賑やかに緑が溢れかえっていたのに、今や落葉の時期さえ過ぎて、枝だけとなった木々が冬の到来を告げていた。

俺はようやく、俺が自分の自伝で伝えるべき一言を決めた。

「やりたいことがあっても一歩踏み出せない同世代の仲間たちに、愛を持って喧嘩を売る本」

ただ喧嘩を売るんじゃない。ただの喧嘩でもない。一歩踏み出せない同世代の仲間には、俺も含まれている。どんなに厳しいことをキングが言っても、そこには愛があった。親がどんなに叱ってもそこに愛があるように、自分に向かっての叱咤には愛があるはずだ。だから俺は今までキングに言われてきたように、たとえ喧嘩を売っていると誤解されてもいいから、俺の想いを真っすぐに伝えたいのだ。

俺のことを知らない、初めて俺の本を手にとってくれた読者にも。

そして、タイトルは『若きサムライ、その声を聞け』となった。

サムライとは本来、「仕える者」という意味だが、俺は「やるべきことを、貫き通す者」だと思っている。主君に全てを捧げ、堂々と死んでいったサムライたち。それは「仕えるということを、命をかけて貫き通した」結果ではないだろうか。現代でも同じだ。俺がガムシャラに走ったのは、「やりたいことを貫き通す者」になりたかったからだ。サムライに、なりたいのだ。

今もサムライであり続ける誰かへ。
サムライでありたいと思う誰かへ。
こんな常識外れのサムライという生き方もアリだぜと伝えたい。

伝えるべき一言が決まり、タイトルが決まり、ようやく執筆がスタートした。「まずは洋平の人生を自由に書いてみろ」と言われたので、おもいっきり好きなように書いた。

ある程度執筆量がまとまったタイミングで打ち合わせ。ついに俺のファーストマスターピースを、坊さん編集者が読み始めた。俺は隣で、「……さすが。君、天才だわ。ミリオンセラー間違いなしだわ」そう言われるのを今か今かと待っていた。

ついに彼が読み終わった。原稿の束を机の端に寄せ、空いたスペースに手を組んだまま両肘をつき、ぐい、と前のめりで俺に向き合って、口を開いた。

「面白いよ」

机の下でガッツポーズをする俺。

「洋平が面白いということと、自分のことが大好きなことはわかった」

俺は、もっともだ、と頷く。

「君が自分を好きなのも、天才と思うのも大いに構わない。ただね、これは欲にまみれている」

「？」

また得意の説法か？　しかしいつものような意地悪な言い方ではない。突き放す言い方でもない。編集者としてこの原稿を良くするために、本気で寄り添ってくれていることを感じた。

「洋平」

「はい」

なんだか背筋が伸びる。

「僕は今まで、仕事で数え切れない量の原稿を読んできた。その経験の上で言わせてもらうと、自分の話を書いたり、人前で話したりする場合、どうしても人は無意識に、『まわりにこう思われたい』とか『こう書けばスゴイと思われる』という欲が出てしまう。でも自伝というものは、誰かにどうこう思われるためのものじゃないんだ。そういった著者個人の自己承認欲求は、文章を濁すんだよね。読者もバカじゃないから、その打算的な考えに気づくし、興ざめする。皆が読みたいのは、君の、心の底から出てくる本当の叫びだよ。それだけが響くんだ。だから、『他人にこう思われたい』という余計な欲は全て削ぎ落としていこう。そこで最後に残ったのが、ありのままの、思うがままの、洋平の本音、真実だから」

俺は深く納得した。

打ち合わせのあと、改めて自分の文章を読み返すと、確かに欲にまみれていた。というか、欲しかなかった。欲イコール自分。自分の身を削るような思いで文字を削った。そして書き直すも、ナチュラルボーン目立ちたがり屋である。削っても削っても、雨後のタケノコのように、ニョキニョキと「俺ってスゲー」「俺って天才」が生えてくる。モグラ叩きをしている気分だった。しかもそのモグラは自分自身。叩くとそれなりに痛い。

「俺ってスゲー！」と思うことが悪いわけではない。それが本当に自分の本音であるならば、だ。もしかしたら「俺ってスゲー!」と連呼していることすら、誰かに対して、「まわりの目を気にしない自信溢れる強い俺」を演出しているのではないか?

この「スゲー!」は本音なのか、カッコつけなのか。

自分から出てくる言葉を全て懐疑的にチェックし、少しでもそんな余計な欲が含まれていないかを確認する。部屋に潜む大小いかなるゴキブリも、探しては即殺していくような感覚。まあ、ウジャウジャいる。書いては消す、をひたすら繰り返す辛い日々。

だんだんと、文章から「自己承認欲求」が消えていった。

さすがに俺の欲求たちも「こんなすぐ殺されるなら、いい加減もういいや」と、諦めて部屋を出ていったのだろう。

やっとのことで先に進める兆しが見えたところで、俺は、最大にして最強の壁にぶち当たることになる。

ある日、俺はボクシング観戦に誘われた。俺の自伝に使う写真を撮ってくれていた、カメラマンさんからのお誘いだった。そのカメラマンさんは、プロボクサーたちの生き様をずっと追っている方だ。彼が撮影するボクサーのうちの1人が、東洋太平洋チャンピオンで、その防衛戦を観に行くことになった。後楽園ホール。俺にとっては生まれて初めてのボクシング観戦だった。

会場に着いたのは、防衛戦の前座の試合が始まる頃だった。

元ヤンの雰囲気漂う金髪の男が、爆音の音楽に体を揺らしながら花道を歩いてくる。花道の脇では選手の地元の友人と思しきオラオラ系の男たちがドスの利いた声で熱狂的な声援を送っている。金髪ボクサーは拳を突き上げ、その声に応えていた。イケイケドンドンで、いかにも強そうな雰囲気だった。

対戦者は、パッとしない見た目のマジメそうな選手。もちろん黒髪。これは金髪の方が余裕で勝つのかなー、と思っていた。

しかし、試合が始まってみれば、マジメそうなボクサーの方が圧倒的に強かった。金髪ボクサーはボコボコに。素人目に見ても、レベルが違った。金髪ボクサーの2度目のスタンディングダウンで、レフェリーストップ。ふらふらになっている金髪ボクサーは膝をつき、リングを

拳で殴打しながら、

「なんで止めんだよ。俺はやれるって！」

と声を張っていた。

最後は涙を流しながら観客席に深々と頭を下げ、リングをあとにした。勝ったほうも、負けたほうも、男だった。アツい試合だった。


俺の心もアツくなる。

同時に、なぜだか胸がキュウッと痛くなった。


同世代の男たちが、リングの上で命を賭けて闘っている。

俺は命を賭けて、何かに挑戦したことはあるか？　試合観戦後のトイレで、鏡の中の自分に、自問自答する。拳で地面を殴打しながら涙を流すほど悔しい気持ちになったことがあるか？

こんなにギリギリの世界でアツく生きている人たちの方が、よっぽど自伝になるんじゃないだろうか。

俺は何をしているんだ？

幼少期。

漫画やテレビに出てくる強いヒーロー、主人公に憧れていた。いつか自分もそうなると信じていた。あの頃の俺の夢はどうなった？　今、俺はあの夢に向かって何か挑戦しているのか？　夢を諦めたという自覚もなく、無意識のうちにスルーしてきたんだ。そんな男が自伝？　ちゃんちゃらおかしい。今、キングがいたらそう言ってくる気がした。

観戦後、居酒屋に移動し酒を飲んだが、酒の味も、誰と何を喋ったのかも覚えていない。まったく酔えなかった。

俺はいつものようにバカ騒ぎすることもなく、静かに帰った。一緒にボクシング観戦したカメラマンさんや仲間は、腹でも壊したかと思っていたらしい。帰り道、酔っ払ったサラリーマンで混みあった電車の中で、俺は後楽園のトイレで生まれた疑問と必死で向き合っていた。

あのボクサーたちは、自分たちの夢を摑むために、体を張って、男らしく闘っている。勝っても負けても、彼らはヒーローだ。デスクワークでお金を稼いでいる自分が、なんだかちっぽけに感じる。拳ひとつで金を稼ぐボクサーたちに嫉妬してしまう。そして彼らが目指すのは、

「世界チャンピオン」

リングの上でアツく闘う男たちの頂点だ。

喧嘩自慢で学校の番長を目指すヤツは大勢いるかもしれない。でも、漫画で読むような全国制覇を本気で目指す番長はいない。

だが、プロフェッショナルとしてルールの中で殴りあう男たちは、本気で世界の頂点に立とうとしている。そしてその世界の頂点に立つ、世界チャンピオンになるような人間には、どんな世界が見えているのだろう？　そんな自伝があれば、俺は是が非でも読みたい。

そうか、世界チャンピオンは、「自伝を出す側の人間」なのか。じゃあ俺との違いはなんだ？

強さか？

少なくとも俺は世界チャンピオンと面と向かって話したことも、もちろん殴り合ったこともない。でも世界チャンピオンは最強だと、誰もが言うだろう。

「あぁ、なるほど。そりゃそうだ」

1人納得する。

リングに上がろうとしてこなかった俺はエントリーすらされていなかったんだ。

昔描いていた誰よりも強いヒーローになりたいという夢。そんな夢に挑戦することもなく、無意識にスルーしてきた自分。

「世界チャンピオンは、本当に最強なのか？」

俺はそれを実感することで、昔描いた夢にオトシマエをつけたい、そう思った。

よし。

ボクシングの試合を観てからずっと悶々としていた悩みに終止符を打つべく、俺は2つのことを明確にしようと決めた。

その1。

「自分と世界チャンピオンになるような男の違いは何なのか?」

その2。

「俺は本当に世界チャンピオンに勝てないのか?」

この2つの答えがわかれば、壁を越えられる気がした。俺が自伝を出す側に行くためには、頂点に立っている男と拳を交えてその世界を見るしかない。

俺は最寄駅で電車を飛び降りコンビニに走り、封筒と便箋を購入し、公園のベンチで勢いに任せて世界チャンピオンに手紙を書いた。

「拝啓、世界チャンピオン様。僕と闘ってください」

それから数ヶ月。突然、見知らぬ番号からの着信があった。

「もしもし、徳山ですけど」

俺が勢いに任せて手紙を出した相手だった。

徳山昌守。世界戦を9度防衛した、伝説の世界チャンピオン。

俺をボクシング観戦に誘ってくれたカメラマンさんが手を尽くして、徳山さんまで手紙を届けてくれたのだ。

まさか本当に電話がかかってくるとは、と驚く俺に、徳山さんはこう続けた。

「アツい手紙をありがとう。嬉しかったよ。でも、俺は次の世界戦が決まっている。その試合に向けて取材も全てシャットアウトしているんだ。だから君の挑戦は受けられないけれど、手紙のお礼だけは言っとこうと思って。ごめんな」

無視したっていいものを、わざわざ断りの電話をくれた。世界チャンピオンは律儀だった。俺も丁寧な口調で返事をした。

「いえ、お忙しい中、お電話、ありがとうございます」

電話を切ったあと、2秒考えた。これじゃダメだ。何も変わりはしない。俺は迷わず着信履歴をリダイヤルした。


「……あの、もしもし。先ほどお電話いただいた北里です」


「……え？　どうしたの？」

話は終了したと思っていた徳山さんが戸惑っている。

「俺……、どうしても諦めるわけにはいかないんです。どうやったら徳山さんに挑戦する場が実現できるか、一緒に考えてください。お願いします」

ド素人が世界チャンピオンに、一緒に考えてくださいと言っている状況は謎だが、俺はとにかく必死に、諦めることができない、と懇願し続けた。しばらく徳山さんは俺の話を黙って聞いていたが、俺が息切れするほど話したあと、穏やかなトーンで言った。

「わかった。じゃあ世界戦が終わった1週間後、大阪のリングで闘おう」

俺の無謀すぎる挑戦を、チャンプは、受けてくれたのだ。

待ちに待った世界戦。徳山さんは圧勝し、無事に防衛を果たした。そしてその世界戦から1週間後、俺は大阪のボクシングジムの門をくぐり、リングに立っていた。

3ラウンド、ダウン無制限。

さらに、徳山さんからは試合中、もうひとつの特別ルールが追加された。

「男なら意識がある限り立ち続けろ」

俺はその日のことをあまり覚えていない。

覚えているのは、人生で初めて感じた、「本当の恐怖」。そしてその恐怖に固まった俺の背中を、キングの声が押してくれたこと。そのおかげで最初の一歩を踏み出せたこと。世界の頂点に立つ男に向かって、懸命に拳を突き出したことも。

結果は3ラウンド、8度のダウン。気がつけば、俺は悶絶しながらリングの上で倒れていた。

そして、俺は、世の中のほとんどの人が想像も推測もできるけれど、身をもって知ることはできない、大きな秘密を知ったのだ。

「世界チャンピオンは強い……」

対戦後、徳山さんは俺を飲みに誘ってくれた。その飲みは長時間におよび、徳山さんは包み隠さず、たくさんのことを教えてくれた。

俺は、世界チャンピオンの「強さ」を全身で感じただけでなく、徳山さんの「物語」を知った。彼は、ボクシングという勝負の世界に命をかけ、「世界というリングでチャンピオンを目指す物語」の、主人公だった。チャンピオンになっても主人公の物語は続き、今度は「世界チャンピオンであり続ける戦いの物語」の真っ只中にいた。もちろん、ボクシングを辞めたあとも「彼の物語」は続いていくのだ。

徳山さんと拳を交わし、8度も悶絶のダウンをし、話を聞き、彼が見ている世界を垣間見て、ようやく俺は自分に必要なことがわかった。霧が晴れるように、悩んでいたことがクリアになった。

俺は、俺の人生、つまり自伝という「俺の物語」の主人公だ。俺が徳山さんに負けたくなかったのは、いや、負けちゃいけないのは、もちろんボクサーとしてではなく、「俺の物語」の主人公としてだ。『DRAGON BALL』、『迷走王 ボーダー』、『SLAM DUNK』、『軍鶏』、『ろくでなしBLUES』、『クローズ』。俺が大好きな漫画の主人公たちに順位はない。彼らは全員オリジナルで、ユーモアがあって、主人公として最高の物語を生きていた。その物語は、いつも純度の高いエンターテイメントだ。俺の自伝も、そうならなくてはならない。物語の面白さと、主人公のオリジナリティだけは絶対に負けたくない。唯一無二の、漫画のような現実の物語。それこそが、俺にとっての自伝だ。そしてそれは、一生続く物語。俺はそこで生きるんだ。

ボディで
意識は飛ばない
男なら
意識がある限り
立ち続けろ

自伝になるような人生を生きる。
その自伝という物語の主人公としてあり続ける。

そう心に誓い、俺は再び執筆を開始した。俺という人間の、世界でひとつしかない人生の物語を書き連ねた。俺が影響を受けたお師匠さんたちの生き方と共に。

本をつくるという未知の作業は、全てがメチャメチャ楽しかった。夢のような日々だった。我先にと協力してくれた飲み仲間たち。想いに賛同し、効率とギャラを度外視して仕事をしてくれたカメラマン。伊豆七島の新島まで行って口説いた、憧れのデザイナー。出版営業のイロハを色々教えてくれた営業担当。苦笑いをすることも（何度も）あったが、なんだかんだ優しく見守ってくれたエロチックなメガネの美人社長秘書。幾度となく喧嘩したけれど、仏の心で最後まで見捨てず付き合ってくれた、大嫌いで大好きな坊さん編集者。悩んでちっとも執筆が進まないこともあった。様々なところに取材に行かせてもらった。時間も、経費も、想定外感はハンパなかったと思う。それでも、大人たちは何も言わなかった。こんな自由な本づくりの実例はどこにもないと思う。そして全てのきっかけは、あの社長が、「こいつの本を出版する」というビッグなOKを出してくれていたからだ。

一生感謝してもしきれない、たくさんの愛と激励に囲まれて、俺の処女作『若きサムライ、その声を聞け』は出版された。25の春、1年以内に全国の書店に本を並べる！　と決めた「結果」は、本当に現実になったのだ。

本の発売日、俺は朝イチから新宿の大手書店をうろついていた。

「どこだ？　俺の本はどこに置いてあるんだ？」

オープン直後で、客もまばらな店内。暇そうな店員さんもいたが、本の場所は誰にも聞きたくなかった。自分の目で自分の本を発見したい。俺は、足早に広い店内を探しまわった。そして数分が経過した。俺は誰かの視線を感じた。振り向くとそこには！

「◎◎××wwtじぇおあいたおy……ぬあぁあああぁぁーっ!!!」

俺は自分と目を合わせていた。新刊コーナーに堂々と並ぶのは、俺の顔が表紙の、俺の自伝。

『若きサムライ、その声を聞け』

俺がつけたタイトルが、これ以上ないくらいにカッコ良く印刷されている！

この光景を世界遺産に登録して欲しいという感動が俺を包む。

俺は目尻に涙を溜めながら、自分の本をそっと手に取り、大事に胸に抱き、そのままレジへと、エベレストの山頂手前の登山者のように、一歩一歩大事に歩いた。本屋で見つけた初めての自分の本。これは記念だ、絶対に買わねば。買った瞬間の感動と、そして山頂に登ったような達成感。ああ、このために俺、頑張ってたんだな、と自分で自分の肩を叩いて、揉んで、抱き寄せてやりたかった。

「釣りはいらないぜ」感激のあまりそう言ってみたが、「そういうわけにはいきません」としっかり釣りを返された。

大事にしたいからカバーはかけてもらって、俺はその本を持って本屋を出た。帰りの電車ではすぐにカバーを外して、表紙を見せびらかしながら、完全に覚えている中身を改めて読んだ。まわりの人からすれば、あの人自分の顔が表紙の本を自分で読んでずっとニヤニヤしている自分大好き男、としか見えていなかっただろう。はい、自分、自分が大好きです。俺は最高に幸せだった。

ただ、幸せ絶頂の俺はまだ知らない。

数週間後には、大好きだったはずのこの表紙が、目に入ってくるのも嫌になるほどに、自分の自伝を自分で買い漁るハメに陥ることを。

第12章 約束は約束

話は、原稿を書き終えるずっと前にさかのぼる。

相変わらず俺の文句ばかり言う、例の坊さん編集者と飲んでいた俺は、酔っていて、調子にのっていた（いつも）こともあり、人差し指をビシッと立てた。

「1ヶ月以内にこの本の増刷を決めてみせる」

「は？　増刷なんてそんな甘いもんじゃないぞ。出版できるだけでもありがたいと思えよ」

どこまでも嫌味なヤツだ。

だが俺は言ったことを曲げたことがない。（いや、ある）

宣言はした。あとは実行するだけだ。その宣言の裏には、人生で二度とないであろうこのチャンスをくれた社長に、販売実績という恩返しをしたい、という純粋な気持ちがあった。坊さん編集者にはそんなこと、口が裂けても言わなかったが。

そうです。この時も北里洋平、ナメておりました。

世の中にはたくさんの書店がある。当時は、ざっと2万店ともいわれていた。それを聞いた瞬間、

「単純に考えて、日本全国の書店で1冊ずつ売れるだけでも2万部はカタイ！」

そう信じきっていた。単純なのは俺だった。妖怪世の中ナメ坊主の俺は、知りもしない出版業界に余裕面をカマした上に、密かに得意のとらぬナントカの皮算用までしていたのだ。

発売から3日。坊さん編集者からクールな声で電話があり、本の実売状況について報告があった。

「まだそんなに動いていない」

これは業界用語でまったく売れてないことを意味する。

おかしいな、どうしてだろう。

俺は電話口で首をひねったが、気にはしてなかった。誰かが1冊買えば、「ヤベ、これ面白いから読んでみなよ！」とネズミ算式に増えていくという幻想を抱いていたからだ。

4日、5日、6日、と日めくりカレンダーがパラパラとめくられる。坊さん編集者からの電話は、トーンも内容も相変わらず同じだった。まるで死んだカメのように動かない数字。てかカメじゃなくても死んでちゃダメだ。良くないぞ。これは本当に良くないぞ。俺はようやく、焦りだした。


坊さん編集者に、耳がタコだらけになってラインダンスを踊りだすほど聞かされていたが、出版業界では、動きのない新刊は早ければ2週間ぐらいで返品ラッシュが始まるのが通例だそうだ。皆があれだけ協力してくれて、ようやくでき上がった大切な本が、誰にも読まれることなく返品されて、倉庫に収まってしまう。

このままじゃ増刷なんて夢のまた夢。今の俺は、ただの忍者ハッタリ君だ。忍者じゃない。

狼少年？　ピノキオ？　正確にはピノッキオ？　混乱する俺。本が出版されて夢が叶った！と浮かれている場合じゃなかった。本が発売されてからというもの、俺は毎日自分の本が置いてある本屋を見つけては、はしゃいで喜んでいただけだった。ただのバカだ。大バカだ。

「無名の新人の本は、絶対に売れない」

社長の言葉を、俺は自ら証明しようとしていた。これでこの本がコケたら、出版社内でも「やっぱり無名の若造、特にバカで無鉄砲で自信満々な若造の持ち込み企画なんか受けるべきじゃなかった」と言われるだろう。しかも責任は社長にある。あの社長に責任を取らせるわけにはいかない。坊さん編集者にも、だ。

俺をそこらへんの新人と一緒にするな。俺はサムライだ。サムいと言われようが自分で自分のことをサムライだと信じている。だからオマエらが見たことのない、サムライの本気ってやつを見せてやる。俺は再び決意する。増刷されるまで、本の売上を伸ばしてやる。

翌日から俺は自分の本を買い漁った。

1ヶ月以内に増刷する、という約束。自分で結果を決めた期日だ。口コミや誰かの紹介で本が注目され、ブレイクするなんて奇跡を待ってる時間はない。俺は、出版社にバレないように、本屋をひたすらまわり、自分の本を買い込んでいったのだが、思ったようにはいかなかった。

初版5000部でスタートした俺の本は、どこの本屋にでも置いてあるわけではなかった。むしろ置いてあるのを探すのが大変だった。ある程度まとまった数が(とはいえ10冊程度である)置いてある大型書店でも、買い切ると追加注文が必要になる。次に届くのは1週間後だ。簡単ではない。地道に本屋を回って買いまくるしかない。

俺は仲間と手分けをし、自分の彼女にもお願いして、様々な本屋で自分の本を購入し続けた。早々に全財産を使い切った俺は、ろうきんで人生初の借金をした。

俺の部屋は、みるみるうちに本で埋まった。出版社にある、返品先の倉庫のようになっていく。部屋に帰るたびに俺の本に押しつぶされるような気がした。それでも、俺は買い続けた。大量の自分の本をどうするかはあとで考えるとして、とにかく増刷が決まるまで買い続けるのみ。果てしないブックショッピングライフ。貯金の減りも果てしなかった。

数週間後。ろうきんにて次なる借金を検討していると、突然、エロチックメガネ美人社長秘書から電話がかかってきた。

「北里さん、すごいです！　動いてます！　今、紀伊國屋のパブライン（公開されている販売状況）で実売状況を見てるのですが、北里さんの本を買ってる読者のほとんどが女性で、ファン層の構成比がSMAPと一緒なんです！　これは本が売れるにあたってとても重要で、実際にすごく売れてきてます！」

ほうほう。それはそのはず、紀伊國屋での買い込みは俺の彼女が担当だからね……。

心の中ではそう思いながらも、

「マジすか！　嬉しいッス‼　最高っすね！」

と答える俺。

そして、待ちわびた一言が俺の耳に届いた。

「それと、増刷の検討に入るそうですよ！」

「！！！」

彼女はもう、エロチックメガネ美人社長秘書じゃない。エロチックメガネ美人天使社長秘書に格上げされた。大好きだけど見るだけで吐き気を催す俺の本を、もう買わなくてもいいんだ、という事実に安心した。自分の本なのにもう1冊も買いたくないという不思議な状態に陥っていたのだ。それもそのはず、最終的に仲間と買い漁った本の合計は、3000冊以上。皆がいたからこその数だ。1人では届かなかった。初版5000部の本が初月で3000冊も売れたら、そりゃ増刷になるだろう。運でも、ヒキでも、コネでも、ましてや実力でもない、仲間と金（借金含め）で結果をつくった、チカラワザの増刷だった。

数日後、増刷は本決定した。そしてあろうことか、出版社が増刷記念パーティーを開いてくれた。仲間と共に参加した慣れないパーティーで、俺は飲みまくった。パーティーの最中、社長が俺の肩に手をかけた。

「増刷、おめでとう。スゴイね」

初めて褒めてもらった。ものすごく嬉しかった。しかしチカラワザという負い目もあるので、

「いえいえ、運がよかっただけです」

とクールに答えた。

社長は、俺よりずっとクールに、

「もう自分で本を買い込んだりしないでいいよ。今度はウチが本気を出す番だ」

サラッとそう言って去っていった。その背中はただただ、カッコ良かった。

実は、社長は実売データが不自然なことに気づき、俺らが本を買い漁っていることを突き止めていたのだ。つまり、実際に読者が本を買っているわけでもないのに、増刷を決めてくれたのだった。そんな男気溢れる社長は、増刷後、新聞広告や様々な媒体で宣伝してくれた。

一方、本を買い漁る必要が無くなった俺は、部屋に山積みになった本を、とにかく手売りしまくることにした。友人、知人、親戚、友人の友人はもちろんのこと、友人の親戚、友人の友人の友人、など、芋づるを引っ張れるだけ引っ張り、売れるだけ売った。

なかには、自分の結婚式の引き出物に買ってくれた女友だちもいた。しかも彼女は、その結婚式の二次会のお土産にもしてくれたのだ。つまり、披露宴と二次会の両方に参加した人は、もれなく俺の本が2冊もらえるわけだ。無名の新人の新刊がダブるなんて、なんてラッキーな人たちだろうか。

そんなこんなで少しずつは減っても、山積みされた本のエベレスト感にさほど変化はなかった。もっと売るには友人関係じゃ足りない。俺は、古巣である、「路上」に出ることにした。

繁華街の道端に布キレを敷き、その上に本を並べた。チリで出会った露天商たちのように。「何を売ってるんだろう?」と興味本位で覗く通行人は、「全部同じ本じゃねぇか……」と怪訝そうに俺を見る。俺はそんなアウェイな状況で通行人たちに向かって必死に喋った。足を止めてもらい、そして興味を持ってもらえるよう、とにかく喋った。気がつけば、路上で1人トークライヴを開催している俺がいた。大学時代に路上ライフを送っていたことが、ここにきて役に立ったのだ。ただ、必死に30分喋って、よくて3、4冊の売上。このペースでは、いつまでたっても部屋の在庫を売り切ることができない。それでも俺は毎日、路上に出て、売りまくった。そのうち警察に何度も注意され、最終的には路上で販売ができなくなってしまった。

次に向かったのは友人が渋谷で主催するクラブイベント。音楽と踊りで盛り上がってる中で音楽を止めてもらい、大ブーイングの中、ステージ上でマイクを持った。

「後ろのブースで俺と腕相撲をしてください。俺が負けたらその人の飲み代全部おごります。俺が勝ったら、俺が全力をつぎ込んだこの本を、1冊買って読んでみてください」

ステージを降りて、ブースに戻ると、タンクトップ姿の力自慢たちが列をなしていた。

「腕相撲で勝つだけで本が買ってもらえる。チャンスすぎる。絶対に負けるわけにはいかない！」

俺は腕がパンパンになりながらも、気合だけで全勝した。なかには一度負けても、悔しくて並び直してまた挑戦してくれるリピーターの方もいた。そんなリピーターの方にも、俺はにこやかに2冊目の本を渡した。

南米での腕相撲対決で鍛えた、純粋なチカラワザだった。

仕事の合間（もちろん普通に働いていた）にやっていたこれらの手売りが積み重なり、俺は買い込んだ本を2年間で全部売り切った。そして無理やり買ってもらった人たちの口コミなども後押ししてくれたのか、俺の処女作『若きサムライ、その声を聞け』は、増刷を繰り返し、その頃には1万部を超えるヒットとなっていた。

第13章　キングとの別れ

「本を出す！　その本を渡してプロポーズする！」
25歳の春、夢を決意した時に登場していた彼女。
彼女の名は、エミ。

初の著書『若きサムライ、その声を聞け』が出版され、書店に初めて自分の本が並んで有頂天で買って帰ったあの日、俺は、7年付き合っていたエミに、人生を賭けたプロポーズをしていた。

坊さん編集者にお願いをし、本の奥付の最後に、「LOVE　&　SUPPORT　EMIKO　TAKAHASHI」と記載してもらっていたのだ。そして、プロポーズの時には、そのページに「結婚しよう」と手書きした1冊を、エミに渡した。

エミがいつ『若きサムライ、その声を聞け』を読んだのかは、わからない。「私の名前が本に載ってる！　しかも結婚って！」ある日突然そう言って泣きながら俺をぎゅっと抱きしめた、なんてこともなかった。ごくごく自然に式場を見学しに行き、温泉旅行の計画を立てるようにサラッと、新婚旅行の予定を組んだ。

エミは、この物語の中で幾度か出てきていた全ての「彼女」だ。もちろん、入れ替わりなどない。

さて、エミとの出会いに話を戻そう。散々引き伸ばした、「ミラクルな出会い」というやつだ。ミラクルという定義に諸説あるかもしれないが、少なくとも俺にとっては一生に一度のミラクルだった。

あれは、大学1年生の夏休み。湘南。ビーチには浮かれた男女たちの声が響いていた。俺が背負った荷物の中には、自分のつくった曲の入ったカセットテープが詰まっていた。俺は自作した曲を売り歩いていたのだ。イメージはできていた。

「ちょっとこの曲聴いてみてよ」

「やだー何これ！　カッコいいー！　買う買うー！」

「今ならセットで俺もついてくるけど」

「キャー！」

現実は孤独だった。

ビーチにいる人たちは皆忙しいのか、まず曲を聴いてもくれない。しかも浜辺でカセットテープを買うという気持ちにならないらしい。

腕に抱えた大きなスピーカーから爆音で曲を流し、ゆっくり砂浜をねり歩く俺。もはや石焼き芋か廃品回収のおっちゃんにしか見えない。

「スイカはないんすか？」

「……ないっすねー」

ビーチにいる色黒の丘サーファーたちとそんな会話をしながら、灼熱の太陽の下をひたすら歩いていた。

だんだん面倒くさくなってきた頃、俺は運命的でミラクルな出会いをした。俺の好みにドンズバな、目鼻立ちがはっきりしている優しげな和風美人。まずは曲を聴いてもらおう、と得意の営業トークをかけたが、かなりツレない。でも俺はもちまえの粘り強さを発揮した。友だちと泊まりがけで湘南に来ていたエミ。湘南に住んでいた俺。俺は次の日もエミにまとわりついた。

結果、500円の俺の曲入りテープは売れないままだったが、俺とエミは付き合うことになった。ビーチではほとんど売れなかったテープ。しかし、ある意味俺が売れたという、ミラクルだ。

エミは俺より6つ歳上で、雑誌の編集を仕事にする社会人だった。カラオケが好きで歌が最高に上手いのにもかかわらず、音楽そのものにはなぜか興味がなかった。俺のテープを買わなかったのも納得できるくらい、カラオケ以外の時間に音楽を聴かない人だったのだ。


大学に作曲の一芸で合格した俺は、作曲の研究室にも所属していた。

当然、自分の曲に自信もあった。エミに音楽でも振り向いて欲しい。しかし、世界中で一番俺の曲を聴いてほしいと願う最愛の人が、音楽にまったく興味がない。ならば、と渾身の曲を仕上げ、エミの誕生日にプレゼントした。

意気揚々と「どう?」と聞く俺。

エミの返事は、

「う~ん、音楽はよくわからない」

以上だった。


一番俺の音楽を聴いて欲しい人が、音楽に興味がない。

よし、辞めよう。

作曲と縁を切るのには十二分な理由だった。
ありがとう、音楽。その日、俺は作曲人生に別れを告げたのだった。

エミと付き合いだしてからずっと、「エミに振り向いてもらいたい。惚れ直してもらいたい」という気持ちが続いている。自伝を出版することを決めたのも、どこかに、「エミは出版業界で働いているから、もし俺が出版したら褒めてくれるのでは？」そんな気持ちがあった。男ってのは、特に俺だが、好きな女性に褒められるためだったら何だってやってしまうのだ。単純な生き物だ。

プロポーズの成功を経て、ほどなくして彼女はめでたく妊娠。俺はエミの親に会いに行き、ダイビング土下座をカマし結婚を許してもらった。たくさんの人たちに囲まれて盛大な結婚式をあげ、俺らは家族となった。仕事は忙しかったが順調で、収入も安定。自分の自伝も出版できた。全てが充実して、幸せとしか言いようがない日々。

自伝の出版に全力を尽くした結果、会社を早退したり欠勤したりとかなり迷惑をかけたが、出版が一段落すると再びスーパーサラリーマンに戻り、ガムシャラに働き続ける毎日。

そしてついに、俺たち夫婦は、人生最大イベント、立ち合い出産を経験することになる。陣痛が始まったと連絡を受けた俺は、出産に立ち合う為に急いで病院に向かった。俺よりずっと落ち着いているエミ。しかし俺は、1人パニック状態。彼女の手を握ったまま、俺は何か励ます言葉を！　と必死で考えたが、出てきたのは言葉ではなかった。

「ヒッヒッフー！　ヒッヒッフー！」

誰よりも先に俺がラマーズ法で呼吸をし始めた。

看護師さんまでを混乱させた励ましだったが、いつのまにか出産物語は佳境を迎えていて、エミもラマーズ法の呼吸になっていた。

エミと一緒に力む俺。なんとなく下腹部が痛いような気がする俺。何かが産める気がしてきたが、屁も出なかった。

俺には永遠に想像できないような痛みに耐え、エミは無事、俺たちの第1子、娘を出産した。

「よく頑張ったね」

俺は涙を流しながら、出産を終えたばかりのエミに声をかけた。出産直後のエミは、にこやかに微笑んでくれた。神秘的な笑み。世界で一番美しい顔をしている、と素直に思った。

生まれたばかりの赤ちゃんを、しげしげと見つめる俺。看護師さんが気を利かせて、抱かせてくれた。


その瞬間。


未だかつてない感覚が俺に襲いかかった。雷のような電撃的感覚。それは、なぜか空や頭からではなく、俺の肛門からつむじにかけて、下から上へと走り抜けた。

「……なんだこれ。なんだこの感覚は？」

全身が痺れているようだ。完全なる未体験ゾーン。熱い、冷たい、痛い、気持ちいい、かゆい、くすぐったい、など、人間には色んな感覚があるが、その瞬間の感覚は、五感にはない気がした。少なくとも俺は知らなかった。30年間も生きてきた人間が、この歳になって初めて体感している謎の感覚。今までのどんな経験よりも衝撃的なのに心地よく、自分の全てが解き放たれるような感覚。

なんと説明したらいいのだろうか。

肛門から羽が生えてどこまでも飛んでいけるような、と言えば伝わるだろうか。伝わらないだろうな。とにかく、痺れるほどに、震えるほどに、「自由」としか言いようのない感覚が体を駆け回った。そんな感覚だった。

子どもを授かると同時に、人生における新しい感覚を得た俺は、ぼうっとしたまま、エミと赤ちゃんとの幸福な時間を過ごし、それから家に帰った。

誰もいない静かなリビングで、ビールを片手に体をソファに沈め、今日の出来事を思い返してみた。

「あの感覚はいったい、なんだったんだろう?」

考えてもわからないので、俺はテレビをつけようとした。しかし電源も入れていないのに、テレビの画面はすでに明るい。

アレ？

画面向こうから、小汚い船乗りのような男が海賊船に乗って近づいてくる。頭にはジャック・スパロウのようなターバン。俺は懐かしさに叫びそうになりながらも、ファイティングポーズをとった。俺は昔の俺じゃない。ムエタイとボクシングをかじっている。今回は、そう簡単にやられないからな。

小学生の時に水槽から出てきたように、画面一杯に広がったキングが、貞子の感じでテレビから飛び出さんとしていた。俺はその顔に向かって全力でストレートパンチを放った！

バッシーン‼

強烈な痛みが、俺の後頭部に広がった。振り返ると、そこにヤツがいた。

「え、ズルくない？」

後頭部の衝撃のせいか、キングの背が縮んで見えた。横幅も、痩せている気がした。もっと大きいヤツだと思っていたが、俺と同じくらいの身長だった。いや、俺が大人になったのか。

予定では、俺がいいパンチを決めたあと、倒れたキングをおもいっきり抱きしめて、会いたかったと叫ぶはずだった。しかし出鼻をくじかれ、しかもちょっとズルい感じの攻撃だったので、俺はムスッとした。そんな俺の気持ちを汲むこともなく、キングはニヤニヤしている。


「洋平。おめでとう」

看護師さんからも言われ、仲間からもメールされまくったこの言葉。

「あ、ありがとう。おかげさまで安産でした」

つい、頭を下げた。

その後頭部に、昔ながらの強烈なツッコミをカマしてきたキング。追い打ちの一発に膝をつく俺。キングはそんな俺の横にしゃがみこみ、なんだか楽しげに話しだした。

「子どもはセックスして運がよけりゃ生まれる。そうじゃねえよ。オマエが感じた、アレのことだよ。感じちまったんだろアレを。だからおめでとう、だ。アレは忘れちゃいけねえ、大事なもんだ。バカなオマエのことだから、このままテレビ観てゲラゲラ笑って、スッキリとアレを忘れそうだからな。忘れる前に、釘刺しにきてやったぜ」

本物の釘を刺してきそうで怖い。

「アレアレ言ってるけど、なんのことだよ？」

キングは呆れたような眼差しを俺に向け、こう続けた。

「オマエ、さっきまでずっと考えてたじゃねぇか。オマエの汚ねぇ肛門から、空っぽの頭のつむじまで走ったあの感覚だよ。教えてやる。アレな、『自由感』って言うんだ」

「『自由感』？」

自由とは感じたが……しかし命名がストレートすぎる。キングには言葉のセンスがないようだ。

「つまりだな、自由になった人間だけが感じることができる、新しい感覚なんだ」

「は？　いやあの時は確かに自由っぽいこと感じたけど。子どもが生まれたんだぜ？　社会的にも、人生的にも、どちらかというと義務とか責任を背負ったんじゃないの？」

キングはわざとらしく、深いため息を吐いた。

「じゃあ聞くけどな、オマエが、昔っから飽きもせず繰り返してきたその『自由』ってどういう意味？」

「……自由は自由だろ？」

「ブブー。はい。じゃあ他は？　……はい時間切れ。はい、バカ決定！」

「え!?　じゃあ時間とかに束縛されない、ミュージシャンとか、旅人とか、好きなことだけをやれること？」

「ブブブー。ブブブブー！　あーあ。あげてもないチャンス使って2回も間違えたな。バカから大バカのカスに格下げだな」

茶化しているのか、マジメな話をしようとしてるのかわからない。

「本当はもっと前に気づくはずだったんだけどな。オマエ、大バカのカスだから、自由の意味さえ分からず、自由！　自由！　自由！　って連呼してたよな。ニワトリが朝晩問わずコケコッコー！　て高らかに鳴くのと同じくらいに意味がわからなかったぞ」

やはり茶化しにきたんだなと、確信。

「コケコッコー……。俺、そこそこ自由に生きてるつもりだけど。コケ？　今日無理やり会社休んだから戻ったらクビになってるとか、そういうこと？　コッコ？　今回、ようやく自由になったってこと？」

「オマエがクビになろうが俺にはどうでもいいことだが、それじゃない。仕事がないってのは自由でもなんでもない。それはただ、やることがないだけだろ。同じように、旅人だからって自由ってわけじゃない。自由であることに職業なんて関係ないんだよ」

「じゃあどういうこと？」

キングは咳払いをしてこう言い放った。

「旅人であれ、ミュージシャンであれ、スポーツ選手であれ、フリーターであれ、会社員であれ、既婚者であれ、子だくさんであれ、全てのリスクと責任を自分で背負って生きる。それが自由であるってことなんだ」

「……ごめん、わかりそうでわからない」

「じゃあ思い出せ。必死ぶっこいてそのノータリンの頭で思い出せ。言葉じゃわかんねーのなら、感覚を思い出せ。アレだよ。アレを感じてみろ！」

俺は目をつむった。この頃にはちょっとしたことでも「あの世界」に入ることができるようになっていた。あの瞬間を思い出す。病院特有の匂い。病室の、シーツや壁の真っ白な色。エミの朝日のように輝く笑顔。腕の中には、生まれたての赤ちゃん。生命の温度。感触はプヨプヨと柔らかく、落としたらすぐに壊れてしまいそうで。

大切にしたいという気持ちが体中に満ちていた。命をかけてこの子を守ると、素直に思えた。勝手に溢れる涙が、俺の親指ほどの小さな、小さな手に落ちた。

あの瞬間だ。

俺の、常日頃からキレイに拭いてる肛門から、国の重要文化財こと天才的な俺の脳ミソがつまった頭のつむじにかけて、アレが走ったのは。

「そう、オマエはあの時、頭で考えるより先に、感覚でアレを摑んだんだ。オマエの赤ん坊は今後、オマエが決めた名前で一生呼ばれ、オマエら夫婦がつくった食事を食べ、オマエらが教えることが世界の真実だと信じて成長していく。どんな人間に育つか。どんな生き方をするか。赤ん坊の人生は、オマエら次第だ。一生続く、無限の責任」

「……それって、自由とは対極にあるんじゃ」

電光石火の飛び膝蹴り、からの首相撲。そのままソファにひねり倒され、俺は顔からソファに突っ込んだ。

「人が真剣に話してるんだ。黙って聞け」

真剣に話してる人間はいきなり飛び膝蹴りをカマしてこない。

「洋平。無限の責任ってのは、全リスクを背負って、全部自分で決める、ってことだ。それがたとえ誰かの人生でも、だ。オマエはオマエの赤ん坊の名前を決める。そしてその人生も決めることができる。

娘に対する無限の責任を負ったんだ。同じように、自分の人生にも、無限の責任を負え。『自由感』とはオマエの知っている自由じゃない。無限の責任と共にある、本当の自由だ。今までのオマエは、学生時代は親、社会に出れば会社の上司、常に誰かに最終的な決定権を委ねて生きてきた。無意識かもしれないが、オマエはどこかで世間の常識と自分を照らし合わせて、自分がどう在るべきかを探し、生き方を調整してきたんだ。

自分で決めているようで責任をズラし、常識から外れているようで常識を気にしているのに、やりたいことをやっていると信じこんだ。そこにはズレがある。結果は出していても、少しずつズレがあるんだ。そのズレがあるから、俺がここにいる。わかるよな？」

ローテーブルの上に、どっしりとサムライのように座って俺を見つめるキング。俺はソファに座り直し、キングと向き合った。

「……そうだね」

俺は素直に頷いた。自分でも、キングに会えていないことが、どういうことかはわかっていた。何もかもが上手くいっている幸せな人生だが、少しずつ、少しずつ、社会の中で生きていく術を身につけてしまっていたのだろう。俺は一言だけでも、キングに謝りたかった。

キングがボロボロの船乗りのような格好をしているのも、痩せてしまったのも、俺がキングを放っておいたからなんだ。彼は彼で、何かを探して放浪しているのかもしれない。でも俺の喉の奥にある、ごめん、の一言はなかなか出てこない。ガキの頃にあった素直さも、いつしか、薄れてしまったのだろうか。

キングはそんな俺の情けない葛藤を知ってか知らずか、今まで見たことのない笑顔を浮かべた。永遠の愛を告白しながら永遠の別れを告げるような、そんな笑顔だった。

「洋平よ。オマエはこのわけのわからん歪んだ社会で、よくぞここまでワルあがきを続けた。そこは褒めてやろう。オマエはバカでカスだが、クズじゃない。本当の自由も手に入れた。大丈夫だ。このまま突っ走れ。一生、無敵モードだと信じこめ。オマエの船長としての航海は、ここから始まるんだ」

「……」

「わかってるとは思うが、これで最後だ。……最後に、アドバイスをやる」

「……うん」

「自由であるってのは不安定であることと同じなんだ。前後左右、どこにも支えがないからな。どこにでも動けるし、どっちにでも落ちることができる。

安定ってのは前後左右に支えがあるから、どこにも落ちないが、身動きがとれない。不自由なんだ。だから世の中のヤツらは矛盾している。会社に勤め、保険に入り、貯金をして、これでもかってぐらいの安定を求めておいて、『自由っていいなぁ』ってホザくだろ？　安定した場所にいては、自由は摑めない。

オマエはこれから船長となり、自分の船で航海をすることになるだろう。自由という船だ。不安定のカタマリだ。そりゃ落ちることもある。だからなんだ？　泳げばいい。また船によじ登ればいい。オマエにはそれができる。不安定であることを楽しめ。自由を乗りこなせ」

全ての言葉が胸に響く。心に刻まれていく。

ただ、キングが言った「最後」という言葉が頭から離れない。

「じゃあ、行くわ」

「……どこに？」

「もう俺とオマエが会うことはない。今この瞬間から、オマエが俺であり、俺が、オマエだ。

オマエはずっと、乗る船を探していた。でかい船にも乗った。でももう、他の誰かの船には乗らなくていい。オマエの家族が、船だ。一生ものの、永遠の、最高の船。命をかけて家族という船を守れ。オマエはその船の、たった1人の船長だ。

……裸の王様じゃなく、オマエは、船長という主役を摑んだ。人生という荒波に全力で漕ぎだせ。無限の責任を積荷に、愛という帆を一杯に張り、そして自由という舵を持ったなら、行き先は全て自分で決めろ。

……じゃあな。オマエといた人生、楽しかったぜ」

そしてキングは、俺の目の前から、一瞬で消えた。煙も匂いも、跡形もなく。俺は慌てて引き止めようとしたが、そこにはもう誰もいなかった。テレビも消え、なんの音もしない自分の部屋で、俺は1人、立ちすくんだ。

「あのさ……」

言葉が出かけてはつっかえる。

言いたいことはわかっているのに、言う相手が永遠にいなくなるなんて、思ってもいなかった。小学生の頃からの、全てのキングとの時間。ツッコミがいつも痛かったこと。煙が出るほど頭を使ったこと。喜び肩を抱き合ったこと。どれもが、まるで昨日のことのように生々しく感じられるのに、もう二度と、ないんだ。
あんなに何度も俺の背中を押してくれたのに、一度もちゃんとしたありがとうを伝えてなかった。あんなに何度も無視して放っておいて、そのたびにボロボロにさせたのに、一度も心の底からごめんと言ってなかった。

「あのさ……ごめん。……でも……ありがとう」

俺は、その言葉しか知らない子どものように、ごめん、ありがとう、ごめん、ありがとう、と、何度も繰り返した。声は掠れていき、震えていく。もはや言葉にならない言葉をキングに伝えようとするのだが、その音は嗚咽に変わり、キングを探す目からは涙が溢れていた。涙を拭こうともせず、俺は子どものように泣きじゃくった。数え切れないくらいにたくさんのことを教えてくれたキングだったのに、涙の止め方は教えてくれなかった。

あの日以来、俺の前にキングが現れたことはない。

数週間後、俺は会社に辞表を提出した。勤めていた会社に不満はなかった。実力以上の仕事をやらせてもらっていたし、やりがいもあった。会社、という大きな組織にいたからこそ知ることができたことも山ほどある。考えなしで生きてきたサル科サルの俺を、サル科ヒトまで成長させてくれた。いつか日本を変えるのはあんな会社だと、今も信じている。

俺の勤めていた会社を船にたとえるならば、タイタニック号のような立派な豪華客船だ。俺はその船が好きだったし、乗組員としても必死に働き、航海を続けてきた。しかし、今は守らねばならない家族がいる。家族もタイタニック号に乗っているとして、今後、万が一にも何かがあってタイタニック号が沈没してしまうことがあれば、俺は映画に出てきた乗組員のように最後まで残ることはできない。船が沈む前に、救命ボートを引っ張りだして家族と逃げる。

最後まで心中する覚悟のない船の中で「さあ、航海しよう」なんて、それは本音ではない。俺はたくさんの優しい方々に引き止められながらも深々と頭を下げ、出会いに感謝し、最高の会社をあとにした。

少しだけ時間を巻き戻す。

辞表を持って、取締役の役員室へ向かった俺。

コンコン。ノックをして扉を開けた。

「失礼します。お話があります」

「どうした？」

これまで散々お世話になったボスが顔を上げる。

「子どもが生まれました。これからはもっとマジメに生きようと思います」

驚いた顔をするボス。

「なんだ、急に？　……そうか、ようやく大人になったってことか？　うん。これからも一層仕事に励みなさい」

俺はこう続けた。

「つきましては会社を辞めることを決めました」

ボスの顔には、「こいつは気が狂ったのか？」と書いてあった。

会社を辞める経緯を説明した俺に、ボスは、

「それで、これからどうするんだ？」

俺は胸を張ってこう言った。

「独立して自分の出版社を立ち上げます！」

そう、俺は会社を退職してすぐ、出版社を立ち上げたのだ。

俺は、家族を乗せ、全責任、全リスクを自分が背負える、自分の船を持つことにした。船長はもちろん俺。

「これからの人生、アレを感じること以外は絶対にしない」と決意し、自由という舵を存分に切って、風の赴くまま航海を続けよう。

その船の名は、『NORTH　VILLAGE』。

俺と俺の家族の、一生変わらない苗字を、そのまま英訳した。

会社を辞めることを決めた俺は、出版社を立ち上げるにあたって、まずは1600万円の借金をした。そして事後報告で、最愛の妻エミに打ち明けた。

「俺、会社を辞めることにした」

彼女は、赤ちゃんをあやしながら、

「ふーん」

と言っただけだった。「外、雨降ってるね」と言ったら返ってくる時の「ふーん」と同じテンションので。エミは何ごとにも動じないので、ここまでは想定の範囲内だった。

「で、出版社を立ち上げようと思うんだけど、貯金とかもないから１６００万円の借金をしてきたんだ」

「へぇー」

「えっ、それだけ？」

そんなことよりも赤ちゃんをあやすことに集中しているエミ。人生でこんな大きな借金をしたのは初めてだったので、俺の方がよっぽどこの状況を大きく捉えていたようだった。なんの相談もせずこんな借金をすれば、さすがのエミもブチキレるだろうと覚悟をしていたのに。

「だって、もう決めたことなんでしょ？」

そうエミが言う。頷く俺。以上だった。

２週間後、エミは唐突に、

「借金の返済は毎月いくら？」

と聞いてきた。

「……なんで？」

俺は急な質問に驚きながら疑問形で返した。

「もしあなたに何かがあったら、私が返すことになるから。家族だからね。月いくらの返済かは知っておかないと、と思ったの」

「無担保無保証だから、俺が死んでもエミは返す必要はないよ」

俺は安心して欲しくてそう答えた。しかしエミはさらに言った。

「それは筋が違うでしょ。そうなったら私が返すから、いくらかだけ教えて」

エミには嘘がつけない俺は、正直に月の返済額を伝えた。

結構な金額だ。何を言われるやら、とドキドキしたが、エミは一言返事をしただけだった。

「ふーん、わかった」以上。今度はふーん、で全て終了した。

あれ以来、会社の状況、損益、仕事についてまったく聞かれたことはない。そんな女に惚れ続けている俺。俺が人生の伴侶に選んだのは、見た目も中身もカッコ良すぎる、イイ女だ。

EPILOGUE NORTH VILLAGE

NORTH VILLAGE号での新たな冒険が始まって、いつしか10年以上も航海を続けている。さらに2人の子どもを授かり、こんな俺でも3児の父だ。(笑)

出版海から航海が始まった、この冒険。全てのリスクと責任を自分で背負い、やりたいことをやりたいように、誰になんと言われようがやり続けるんだ。そう意気込んでスタートしたのだが、経験、スキル、人脈、貯金、全てなかった俺にとって、出版社としてNORTH VILLAGEを軌道に乗せるのは、想像をはるかに超える、波乱に満ちた挑戦となった。

NORTH VILLAGEとしての冒険は、次の本でしっかり書くとして、ここでは予告編としての簡単なダイジェストだけを書くにとどめておく。

そんな職業があるのかどうかは別にして、俺は自伝家として生きている。人生を全て物語と捉え、その主人公として、自分がやったこと、感じたことなどを本にしていく、「物語になる人生を歩む」道を選んだ。

誰にも文句を言われることなく、つくりたい時に、つくりたい本だけを出版することをライフワークにするのなら、出版社を自分でやるのが一番確実だと信じて会社を設立したわけだ。そのとたん、夢はさらに膨らみ、「月の半分は世界を旅する」「その旅すらも仕事になる」「全ての遊びが仕事となる」「旅から帰ったら仲間と集える自分のアジトが日本にある」など、人間に与えられた夢を描く能力を最大限に発揮して、膨らませるだけ夢を膨らました。というか増やした。無理だろ、と笑われることもあったが、どんな無理難題に思えることも、俺ならできるはずと信じて疑うことはなかった。なぜなら、諦めることは、とうに諦めているのだから。

いつの日か、NORTH　VILLAGEが会社として軌道に乗った時は、その全てが叶うはずだ。そんな無敵のテンションで挑戦した。

全てを叶えようとすれば代償も大きくなる。会社設立後の数年は色んな壁が目の前に立ちはだかった。無鉄砲な借金で得た創業資金1600万円も、攻めに攻め、初めの数ヶ月で使い切ってしまった。出版社というものは、本を出版してから入金があるまでに、約7ヶ月かかる。もちろん、本が売れなければ1円も入ってこない。そして、それらにかかる経費の支払いは当然全て、お金が入る前に支払わないといけない。そんな大事なことを知ったのも起業して半年がたってからだった。気がつけば、借金と債務が5000万円を超えていた。

俺がやりたいことをやるせいで、家族が貧しい生活をするのは本末転倒だ。家族の生活を守ってこその自由だ。だから、エミには常にお金があるフリをしていた。サラリーマン時代の生活水準を落とすことなく、不自由のない、それなりに贅沢な生活を続けた。

その裏では、月々の債務に対する支払いや経費が、300~500万円。毎月の出版社としての入金予定はほぼなかった。そこまでハードな債務だと、そこに家族の生活費がちょっと多めに乗っかったからといって、感覚的には変わらない。そう思うと逆に開き直れた。ただ開き直っても、債務が減るわけではないが。そしてこのハードな生活は、2年半続いた。

2年半もの間、毎月、ゼロからスタートで数百万円を稼ぎ続けるのは、ドラクエでいうところの、月末にバラモスを倒し、倒した瞬間に翌月のゾーマのツノが見え隠れしているような状況だ。こんなに長い間、死に物狂いで本気を出し続け稼ぎ続けたのは、あとにも先にもないかもしれない。そしてその本気スイッチは、NORTH VILLAGEを立ち上げて1ヶ月がたった日に、バチンと入った。

その日は、会社員時代なら当たり前のように入っていた給料が振り込まれず、出版関連の支払いだけがあった月末だった。俺は渋谷駅に向かう歩道橋を歩きながら、ふと思った。

「アレ？　そもそも会社ってどうやったら入金があるんだろ？　営業して、見積もり出して、成約して、請求書出して……だよな。大変なんだなぁ」

歩道橋の上、たくさんの私服の人たちをすり抜けるようにして歩きながら、さらに考える。

「サラリーマン時代はこの人たち何やってるんだろって思ってたけど、今の俺と同じフリーランスかもしれないんだよな。もちろんフリーターもいる。この若者たちは、皆、なんだかんだで毎月最低でも20万、30万円は稼いで生活しているんだよな……。スゲェな」

例えば私服で渋谷を歩いている大人たちが、サラリーマンではなくフリーランスだとする。その人たちは、皆が営業、見積もり、成約、請求書発行という手続きを毎月繰り返して、自分の食いぶちを稼ぎ、家賃を払い、生活しているわけだ。そんな当たり前のことに気がついた瞬間、普段、見慣れているはずの歩道橋から見た渋谷駅周辺の光景が、突如とても野生的でワイルドなジャングルに見えた。


「皆スゲェんだな」


野生の動物が自分やファミリーが生きていくために、日々獲物を狩るような世界が、ここ渋谷でも当たり前にくりひろげられているんだ。

「世の中って、俺が思っていた以上にワイルドだったんだ。負けてらんねぇな」

衝撃的な気づきだった。この瞬間、俺は完全にスイッチを入れることができた。

俺は、出版社として、憧れの人を口説き、本をつくるというメインの仕事をこなしながら、ほとんどの日中を、何でも屋として奔走し始めた。毎月数百万円の支払いが発生する状況を、クリアし続ける戦いの火蓋が切られたのだ。とりあえず、飲みに行った。飲み屋で様々な人と出会い、知り合いの社長さんたちを紹介してもらい、自己紹介した上で、こんな魔法の言葉を差し出した。

「可能、不可能、関係なく、なーんでも叶うとしたら何をしてほしいですか？」

それなりの規模で事業をしている人なら、ほとんど必ず、自分のチームではまだできていない、諦めたままにしていることがある。それを俺は2週間で叶えて、その翌日に300～400万円を頂戴する、という提案をしていったのだ。

300～400万円。安い金額ではない。というか社会人数年目くらいの年収を、1ヶ月で稼ごうとするわけだ。与えられるミッションは無理ゲーばかりだった。しかも期限は2週間である。「無理ゲーじゃなくてクソゲーか！」とツッコミを入れたくなるようなミッションもあった。しかし俺のコントローラーには、スタートボタンしかない。人間、どんなに追い込まれた状況でも、結果を決めてスタートさえすれば、なんでもできるものだ。それは今までの俺の人生が証明している。

詳細はダイジェスト中なので省くが、ミッションは例えば、こんな感じだった。

「依頼人、帽子屋の社長。ミッション、4万個の帽子の在庫を全て社長の希望価格で売り切る」

「依頼人、小規模な広告代理店。ミッション、大手企業のテレビCMの年間契約を取ってくる」

「依頼人、地方の会計士事務所。ミッション、都内で顧問先を見つけ300万円分の契約を取ってくる」

「依頼人、出版社。ミッション、雑誌の広告を2年分、買い取った上で売る」

「依頼人、ボランティア団体。ミッション、募金箱を1000箇所に設置」

これらのミッションをクリアする冒険だけでもそれなりの物語である。

「いつか出版社としてのNORTH VILLAGEから大ヒット作品を出すまでは！」と、できるまでやるスタイルを貫き、ミッションクリアをしていった。しかも、2年半の間、毎月だ。

そして、怒濤の2年半が過ぎた。

NORTH VILLAGEが出版した『夢は逃げない。逃げるのはいつも自分だ。』（高橋歩著　2010年）という作品が大ヒットとなり、無事、何でも屋稼業の無限ループから足を洗うことができた。

お気づきの通り、NORTH VILLAGEを立ち上げてからは、これまで、あえて俺の自伝を出さなかった。

自分が尊敬する様々なジャンルのアーティストや実業家の諸先輩方に会いに行き、口説き、1冊、また1冊と、自分の自伝以外の「作品」を増やしていった。なぜ自分の作品を後回しにしてきたのか。

いずれは自分の自伝をNORTH VILLAGEから出版し、書店や自分の家の本棚に並べるという最高の瞬間がやってくる。これはもう決定している結果だ。そして、その時その本棚に、自分が大好きで尊敬している著者たちの、しかも俺が口説いて一緒につくり上げた作品が並んでいて、それらの本の間に自分の自伝を差し込むとしたら。それは最高を超えてぶっ飛ぶだろうと思ったからだ。

俺の理想の本棚を埋めてくれる、尊敬する著者の方々。彼らとの出会いや、一緒に作品をつくる過程の時間は、まるでキングとの時間のように、多くを俺に教えてくれた。三代目魚武濱田成夫さん、高橋歩さん、ロバート・ハリスさん、油井昌由樹さん、家入一真さん、窪塚洋介さん、GACKTさん。今の俺の人生のお師匠さんたちだ。彼らと共につくった、誇りに感じる作品群が、NORTH VILLAGEから、続々と誕生した。

窪塚洋介さんとは年齢が近いこともあり、一緒に旅をして本をつくるというシリーズを何年にもわたって続けている。窪塚洋介さんはレゲエDeejayとして活躍したり、ハリウッドデビューしたり、現在進行形で様々な挑戦を続け、美学を持ち、信念を貫く、1歳年上のカッコいい先輩だ。その姿は、共に旅している時だけでなく、俺の生き方にも強く影響を与えてくれている。

何でも屋稼業をやめたあとも、NORTH VILLAGEとして、出版以外の様々な事業を展開してきた。色んなことに挑戦したがりなのは変わらないようだ。というより何でも屋稼業をすることで、「なんでもやってみる」ことの楽しさを知ったのもあるのだろう。

例えば。

リサイクルショップ事業

ある日、友人の誘いで古物の競り市を見学した。ものすごい熱気の中、誰かにとってはガラクタでも誰かにとっての数々の宝物が、勢いよく売買されている世界を見て、「自分がショッピングするのも、この競り市で買った方がワクワクするな」と思い、古物商の免許を取得した。当時名古屋に住んでいた、相棒の松井次郎に東京へ引っ越してもらい、「出張買取24時」というブランド名でリサイクル事業を開始。ずっと1人でやってきたNORTH　VILLAGEに、初めて社員が誕生した瞬間だった。24時間365日、売ってもらえるものがあれば、いつでもどこでも行くド根性スタイルが功を奏したのか、現在では年間110万件を超える依頼がくるようになった。

飲食事業（シーシャカフェ）

本を出版するために、窪塚洋介さんとエジプトを旅した。エジプト2日目の朝、滞在中のホテル前にカフェがあり、そこで洋介さんがエジプト発祥の文化でもある水タバコ（シーシャ）

を吸っていた。タバコすら吸わない俺だったが、洋介さんに勧められて吸ったのをきっかけに、どハマり。取材そっちのけでシーシャ機材を買い漁り、日本にちょうどアジトにしようと借りておいた物件があったので、帰国後翌日に、シーシャカフェをオープン。「遊べて飲めるシーシャカフェ」というコンセプトで、リサイクルショップで取り扱う居心地のよい椅子やソファをしつらえた。さらにそれらの椅子に腰掛けると目に入る、壁に大きく備え付けられた本棚には、これまでNORTH VILLAGEが出版した本がいい感じに並んでいる。20代前半で憧れていたアジトが、さらにパワーアップして現実になった。

仲間と集《つど》ったり、出版の打ち合わせや制作を自分のアジトでやれたら最高、と思っていたシーシャカフェ事業も、その後5年ほどで都内を中心に17店舗をオープン。海外の工場と提携し、NORTH VILLAGEのブランドでシーシャ用タバコフレーバーをつくるなど、シーシャカフェの事業としても大きく成長した。

現在は、「ロマンチックさで世界1位を獲ろう!」と社内で盛り上がり、海外はマチュピチュとマレーシアで出店準備をしている。

まもなくオープン、ここからも色んな冒険が始まる予感。

不動産事業

シーシャカフェを増やすにつれ、より面白いテナント物件を自分たちで探す楽しみを知り、「東京アジト」という不動産屋をオープン。まだスタートしたばかりの事業ではあるが、不動産を始めることで、店舗、事務所、住居など、自分たちで最高と感じる物件を常に探し、NORTH VILLAGEのアジト（シーシャカフェ）を日本全国にバンバン展開して行くことができるようになった。

NORTH VILLAGE号は出航から10年間の航海を経て、乗組員はバイトの子たちを含めると80人以上の大所帯になっていた。現在は、出版海、リサイクル海、シーシャ海、不動産海の４つの海を股にかけ、冒険を続けている。

さて。

長い話もそろそろ終わりだ。

現在の俺の職業はなんだろうか。

名刺は持っていない。

自伝家。

そんな職業はない。

ドラクエでいうところの遊び人だろうか。

月の半分は日本で過ごし、家族と過ごす以外の時間は自分のアジトで朝まで遊び、月の残りの半分は、世界を旅している。旅をしながら本をつくる。

「アレ」を感じることしかしない、プロの遊び人。

日々全力で遊び、それを仕事に昇華させるようにしている。

会社も家族も大所帯となり、大変だけど最高に充実した毎日。

そんな俺には、いまだにトライ&エラーを続けている課題がある。

「なんとかエミをまた口説いて、惚れ直させたい」

俺の人生における、最重要課題だ。

子どもが学校にいる間、エミと2人で近所のスーパーに行くことがある。出会って20年がたった今でも、俺は出会った頃のようにドキドキしてしまう。手を繋ごうとして「近所だから、他のママさんたちに見られそうで恥ずかしい」と言われて拒否られると、失恋したようにショックを受ける。

一緒にいる時はいつも初めてのデートのような気持ちだ。母親の顔をして買うものを選んでいるその横顔を見ながら、「口説きたい！」と思ってしまう俺。湘南のビーチで出会った時と変わらぬ気持ち。しかし、一度口説いた女性を口説き直す、しかも俺の思考など全てお見通しのエミを、というのは、今までクリアしてきたどんな無理難題より難しいかもしれない。

「まだ伝えてない自分の一面」でも見せて惚れ直してもらいたいが、20年も一緒にいて、さすがにそんなものはもう残ってない。新たに成長して、カッコいい一面をつくるしかない。


しかし子どもたちよ！

父ちゃんは、生まれ変わってもママを口説けるように今日も特訓中だ。仕事や勉強よりも大切なことがあると、父ちゃんの背中を見て学んでくれ！


脱線した。

話が長いのが俺の悪いクセだ。

しかし、話し足りない冒険がまだまだある。
NORTH VILLAGEとしての大冒険はまた、次の自伝で。
俺は、生きている限り自伝を書き続ける。
自伝になるような物語を生きていく。
ドラクエでは、レベル20を超えると遊び人は賢者になることもできる。でも俺は賢者にはならない。このままレベル99の遊び人を目指してやる。これが俺の、一生続くワルあがきだ。

あれ以来、キングは俺の前に姿を現すことはなくなった。

寂しくないかって？

いやいや、まったく。

鏡を見れば、いつもそこには、満面の笑みのキングがいるから。

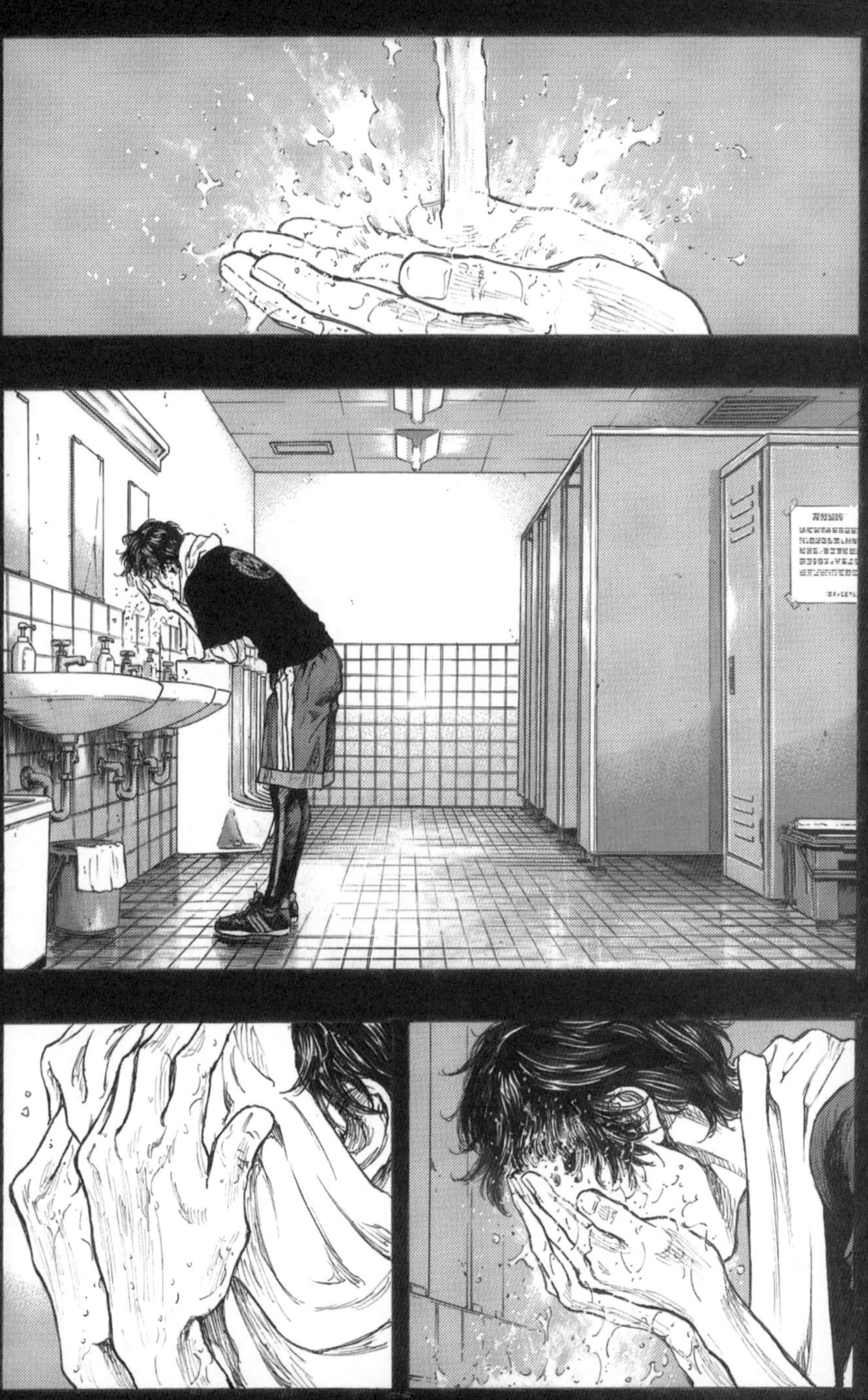

北里洋平の冒険は続く。

最後に。

この本は俺、北里洋平にとって、念願の1冊です。

幼少期から漫画の主人公に憧れ続け、大人になってからは自伝の主人公に憧れ続けた自分にとっては、両方が実現するという、最高のカタチで2つの夢を叶えることができました。

俺の夢を叶えてくださいました、たなか亜希夫先生にこの場を借りて御礼申し上げます。本当にありがとうございました!!

そして、普段からこーんな俺を支えてくれているエミと子どもたち、お父さん、お母さん、エリカ、おばあちゃん、トト、NORTH VILLAGEのクルーとウチで本を出してくれてる著者の方々、そして、いつも協力してくれる諸先輩方と仲間たち、

ありがとーっ!!

北里洋平

ワルあがき

2020年4月1日　初版発行
2021年8月21日　第2版発行

著者　北里洋平

キャラクターデザイン・漫画　たなか亜希夫

装丁・デザイン　吉良伊都子(東京ピストル)
制作　甲斐博和

題字　憲真

発行者　北里洋平

発行　株式会社NORTH VILLAGE
〒150-0042東京都渋谷区宇田川町34-6 M&Iビル1F
TEL 03-6809-0949 www.northvillage.asia

発売　サンクチュアリ出版
〒113-0023 東京都文京区向丘2-14-9
TEL 03-5834-2507／FAX 03-5834-2508

印刷・製本　創栄図書印刷株式会社

ISBN:978-4-86113-378-7
PRINTED IN JAPAN